見・聞・録による石橋正二郎伝

～ロマンと心意気～

石橋正二郎

はじめに

石橋正二郎――。世界一のタイヤメーカーブリヂストンの創業者だ。世界一のタイヤメーカーは福岡県久留米市で誕生した。昭和4年（1929）の世界大不況の中で石橋正二郎はタイヤ事業を始めた。倒産と失業者が続出する大不況の真っ最中にタイヤ事業を立ち上げた。その勇気には改めて驚く。タイヤ事業の基となったのは地下足袋とゴム製の運動靴だった。しかも久留米という当時の田舎まちの零細企業から、大学も出ていない人の手で生まれたのである。「えーっ自動車タイヤの起源は地下足袋！」と驚く人がいる。一方で人の足から自動車の足に発展したと話せばなるほどと頷く人も多い。

この本はその石橋正二郎の伝記である。なぜ今頃になってと訝《いぶか》る方もおられるかもしれない。しかし、その疑問には現代に通ずるものが多いからと答えたい。もっと言えば、これからを生きる若者、サラリーマン、事業家、経営者、政治家にとって今だからこそ参考になる、学ぶべき刺激的な、時代を超えたヒントがこの伝記からきっと見いだすことができると確信するからだ。21世紀は激動、激変の時代である。イノベーションと国際化、そして日本では人口減少、高齢化が進行している。顧みれば、正二郎の生きた時代も激動激変の時代だった。電灯がようやく家庭にともり、自動車はまさに黎明期、そして戦争の時代でもあった。

「見・聞・録による」と題するこの伝記執筆の直接のきっかけはこうだ。

ブリヂストンは平成30年（２０１８）、品質管理では世界最高の賞ともいわれるデミング賞の受賞50周年行事を世界中のブリヂストンの幹部を集めて東京で開催した。筆者はそこで基調講演を行い、デミング賞を取ることになったいきさつや、その苦労などを紹介するとともに創業者石橋正二郎の事業家としての歴史、ブリヂストンの発展史などを約1時間かけてお話した。

ただ、各国から集まり、聴講してくださった人々の関心は意外なところにあった。正二郎の掲げる「最高の品質で社会に貢献」の基盤となる品質管理の話もさることながら、その経営哲学、経営手法、チャレンジ精神、独創性、ステーツマンシップ、人間愛、生活態度、国際感覚などについて関心が非常に高く、講演後の参加者との対話では正二郎という人物について具体的な質問が集中した。中には、「正二郎夫人とはどういう人だったのか」「経営に関係があったのか」などの質問もありコメントするのに苦労した。正二郎はアメリカのタイヤ王ファイアストンとどこか似ているという指摘もあった（ブリヂストンはファイアストン社を買収している）。ブリヂストン誕生の歴史についての質問ももちろんあった。誰しも物事の誕生、ルーツには関心を寄せるものだ。

石橋正二郎の伝記はないのか、英語版の伝記はないのかとの大会で寄せられた声に加えて、最近はブリヂストンの幹部、社員、関係者をはじめ一般の経営者からも、正二郎に関する多角的、多面的な質問を受ける機会が多くなった。「石橋正二郎に日々接し、身近で知る人はもう数少ない。今のうちに伝記を書いてもよいのではないか」とのお誘いも何回も受けた。

筆者は幸運にも石橋正二郎の補佐役的な仕事を約10年間務めた。社史ブリヂストン75年史の作成にも関わった。身辺に仕えて直接色々な話も伺ったし、指導も受けた。回想録「私の歩み」の執筆ではお手伝いする機会もいただいた。ブリヂストンを離れて経営学の教育者となった時、学者仲間に誘われて「日本の戦後企業家史反骨の系譜」（佐々木聡編、有斐閣選書）で正二郎（ブリヂストン）の項を担当。「不況下こその投資で世界企業を育てた先見力」の業績を分析、紹介したこともある。

石橋正二郎はすごい人だった。どこがすごかったのか。それを今回はまとめて見聞録の形で書いてみることにした。筆者の独断と偏見で正二郎の哲学、経営行動、業績を評価した。読者が、これからの人生、行動を考える上で何を参考にしたらよいのか自問自答できるようにケーススタディ的にまとめ、考察としてコメントも付した。

どこがすごく参考になるのか。エッセンスを紹介する。

① 1929年の大恐慌の最中にブリヂストンを立ち上げた石橋正二郎。 事業化はいつも経済環境がボトム（底）の時だった。ボトムの時は投資コストが安くて済む。そんな時、雇用を創出すれば、社会から喜ばれる、という発想があった。景気を読む目と洞察力もあった。

② 草履や足袋で働く労働者は気の毒だ。 何とかしたい。その心意気が地下足袋とゴム靴の発明につながり、日本の履物に革命を起こした。企業家には社会貢献意識と情熱が必要だ。正二郎の語録に「単に営利を主眼とする事業は永続性なく滅亡するものであるが、社会、国家を益する事業は永遠に繁栄すべきことを確信する」とある。基本哲学は「世の人々の楽しみと幸福の為に」だった。それを実践した。正二郎は戦後日本一の納税者となり米タイム誌でも紹介された。だが、もうけすぎだとか強欲だとか、ケチだとか、労働者を搾取する経営者というような声は起きなかった。背景には石橋正二郎の社会貢献、巨額かつ継続的な公共に対する寄付があった。ブリヂストン美術館はその代表例だが、東京の国立近代美術館建設寄付、イタリア・ベネチアのビエンナーレへの日本館寄付など芸術関係だけでなく、久留米大学をはじめ病院、小中学校のプールなど出身地への寄付も数多い。「こんな人い

るかなー」と言いたくなるくらいで、伝記を暦年で書くなら、きっと寄付リストを書くような様相になる。正二郎は陰徳を旨とし積極的に語らなかった。創業の地・久留米を愛した。久留米に行けば、今もこのことが実感できる。

また、実に色々なことに手を出した。電気自動車、飛行機、LPG（液化石油ガス）、合成ゴム、自転車・オートバイ、住宅、寝具、林業…。撤退もした。プリンス自動車もオートバイもLPGからも撤退。事業化も早いが撤退も早かった。

③ **働き方改革のパイオニア。**昔は丁稚奉公という制度があった。無休の住み込みでわずかな小遣いと盆暮れの休暇制度で人は働いた。石橋正二郎はこれをやめ、報酬を支払い、労働時間を短縮した。日本で初めてではないか。できない人はいない、喜んで働くように仕向けるのが雇用者の腕だと考えた。「自奮自励」の職場づくりを唱え、やらされて働くのではなく喜んで楽しく働くことの重要性を提唱した。リーダーたるものは部下に尊敬される人格を備えていなければならないと力説し、「石橋は共産主義者か」とソ連からの視察団に言わしめるくらい社員の福利厚生に力を入れた。

④ **マーケティングでは天才的なアイデアを発揮した。**創立の時に社名を自分の名前をもじって英語で表示したり、自動車の少ない時代に自動車を宣伝に活用したりした。商品説明には映画を使い、「2キロに一店ブリヂストン」の黄色の看板を全国に設置もした。ガソリンスタンドでタイヤを売ること

を始めたのも日本では石橋正二郎が最初だった。ブリヂストンの「漫画カレンダー」を作ったこともある…読者はご覧になったことあるだろうか。

⑤　正二郎は同族会社をやめた。ブリヂストンの経営陣には今、石橋一族はいない。会社は公器。規模が大きくなったら同族経営は無理だと考え、脱同族路線を展開した。ブリヂストンが世界的な規模の会社となり、グローバルな事業を果敢に展開できるようになったのは脱同族経営へと上手に転換し、正二郎が掲げた理念とミッションのもと自奮、自励の会社になったからだといってよい。

⑥　正二郎の努力で日本自由党（自由民主党の元祖）が誕生した。結党の舞台は正二郎の自宅であった。鳩山一郎総裁や、吉田茂総理の誕生に正二郎が深く関係したことはあまり知られていない。正二郎夫人、昌子さんの仏前で政治決着が図られたという話が回想録に登場する。正二郎は実に色々な人と交遊があった。

本書はこのような多くの事例を取り上げ、見聞録、ケーススタディ的に展開していく。21世紀は20世紀に劣らず激動と激変、パラダイム転換の時代である。石橋正二郎の人生観、経営哲学、理念、経営手法のほとんどは時代を先取りしたものだ。その歩みをたどれば、必ず深い感動と感銘を覚えていただけると確信している。

正二郎の父 石橋徳次郎（右）と正二郎の母 石橋マツ（左）

プロローグ　正二郎の生い立ち

石橋家と志まや

石橋正二郎は明治22年（1889）2月1日に生まれた。旧正月2日だったので正二郎と名付けられた。戸籍上の出生日は2月25日になっている。福岡県久留米市の現住所日吉町5－51で生まれた。この場所はみずほ銀行久留米支店の所在地になっている。父親は石橋徳次郎、母親は石橋マツである。石橋家はもともと久留米藩士で維新前は久留米市外の三井郡高良川に居を構えていた。母親のマツは緒方家の出身であるがマツの母の実家石橋家を継ぐこととなっていた。父親徳次郎は久留米藩の龍頭家の出だがマツと結婚して婿養子で石橋家を継ぎ石橋徳次郎となった。石橋正二郎の回想録では母親マツの父、祖父緒方安平が石橋家を起こしたと述べている。

祖父の緒方安平は九歳の時に伯父の経営する「志まや」という久留米随一の小間物屋で働くにことになったが、丁稚奉公だった。この志まやの経営者の伯父が贅沢で家産を傾けることとなり、奉公人だった祖父の緒方安平は若くしてその店の経営を引き継ぐことになった。安平は商才にたけ江戸で仕入れたものを久留米で売るために江戸と久留米の間を往復したり、土地の物産を船に積んで京都や大阪の関西圏、さらには青森まで足を延ばすなど商売熱心だった。有馬藩のためにも尽力し、藩からは名字帯刀を許されるほどだった。明治維新（１８６８年）後、廃藩置県（１８７１）のころには、藩主・有馬家の城址や周辺一帯の土地の払い下げを受け広大な土地を所有するようになった。久留米の中心である本町一丁目の家屋敷を買い入れて、相場会所という米穀取引所を開設するなど事業を展開した。この屋敷で生まれた正二郎は、近所で一番大きな家だったと想起している。このほか教科書の出版、醤油の醸造、質屋、炭鉱事業にも進出、まさに起業家型事業家であった。この祖父は〝志まや〟の屋号で事業を行い名声を上げた。正二郎は祖父を評して「進取の気性に富んでいた。生活は朝は早く起き、裏の畑に出て太陽の昇るのを拝んで、天下泰平を祈るという人」と述べている。この祖父は明治36年、73歳で亡くなった。石橋正二郎はこの祖父の血を継いだのだろう。

祖母リウは当時の知識人と言えよう。新聞や雑誌をよく読み情報通であり、進歩的だったと正二郎は述べている。酒や煙草、遊芸もたしなんだ人で一歩先を歩むモダンな女性であったのだろう。正二郎を随分とかわいがり、80歳で亡くなっている。この祖母の兄弟の一人は、日本の将来は水産にありと水産業を起業し、日清戦争後朝鮮半島に缶詰工場を建設し、製品を長崎に運び上海にも売っていたという。事業は順調ではなかったようだが、祖母方の血筋にも事業家の血が流れていたことをうかがわせる。この人物について正二郎は「この叔父は常に漢籍を愛し、謹厳で行いの正しい人であった。人間は世の中のために働かねばならぬ、それが何よりも大切なことだとのべていた」と振り返り、「私はこの理想家の叔父に負うところが大きい」と語っている。「世の人々の楽しみと幸福の為に」という理想を掲げて生涯事業を推進してきた正二郎の理想のルーツがここにあるのかもしれない。

兄と共に家業の道へ

父親の石橋徳次郎は安政5年（1858）久留米藩士龍頭民治の次男として生まれた。龍頭家の出身だが緒方マツと結婚し、マツが石橋家を継いだので婿養子となり石橋を名乗った。十六歳の時に母方の祖父、緒方安平の経営する〝志まや〟に奉公し、そこで緒方安平の長女マツと結婚した。そして

自家製の大看板を掲げた志まやたび本店

今でいうのれん分けの形で志まやの「仕立て屋」を始めた。正二郎は父親を「融通の利かない石部金吉のような侍気質の人で事業を経営する肌合いの人ではなかった」と評している。仕立て屋の道を選んだのはこの気質だとも述べている。父の遺訓として「家が繁栄するのも、また没落するのも当人の平素の心掛け次第である。だから、お前たち贅沢するな、碁や将棋など勝負事をするな、若いときは苦労は買うてでもせよ」と厳命されたと、回想録に書き記している。正二郎は生涯この遺訓を肝に銘じて守った。父、徳次郎は48歳で心臓病で亡くなった。病を患った時、徳次郎は引退を覚悟した。明治39年（１９０６）正二郎が久留米商業

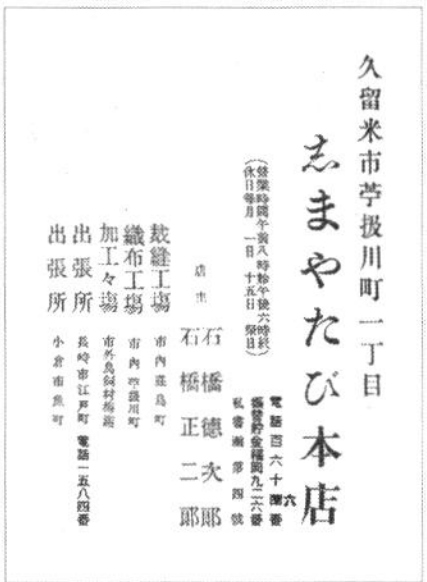
久留米市苧扱川町一丁目
志まやたび本店
（營業時間午前八時始午後六時終 休日毎月一日十五日祭日）
電話百六十六番
振替貯金福岡九二六番
私書函第四號
店主 石橋徳次郎
石橋正二郎
裁縫工場 市内荘島町
織布工場 市内苧扱川町
加工々場 市外鳥飼村梅満
出張所 長崎市江戸町 電話一五八四番
出張所 小倉市魚町

兄徳次郎（左）正二郎(右)。左は当時の志まやたびの会社紹介

学校を卒業すると、兄重太郎とともに家業の仕立て屋の経営一切を任せた。兄弟二人の性格をみて重太郎（2代目徳次郎）に販売関係を、正二郎には製造関係をそれぞれ担当するように決めて、印鑑は正二郎に渡した。当時の志まや足袋は従業員（徒弟）８、９人で、家屋敷を含めた資産は当時の金で約９０００円であった。正二郎は兄と事業を継ぎ、神戸高商（現神戸大学）進学は断念したのである。

母マツは慶応元年（１８６５）の生まれで婿に徳次郎を迎えたのは19歳だった。男３人、女３人を生んだ。正二郎は次男だった。母親を「慈悲深く、やさしく、親切な性格、人の難儀を見ると心から同情して陰徳をほどこしていた。なかなか勝ち気でよく気が付き、何事にも積極的で思いつくとすぐ実行するタイプだった」と評している。「宗教に熱心で、仏教についても、キリスト教についても、それぞれの教義に深く帰依していた」とも。さらに「自分は子供時代ひ弱で病弱、おそらく育たないだろうといわれたのにこんなに健康で仕事ができるようになったのは母の愛情の力で、心から恩を感

日本足袋の久留米本社事務所

じている」と述べている。その母は、昭和7年（1932）に67歳で急逝した。回想録には「身体も大きく健康だったので青天の霹靂の思いをした」とある。

兄の重太郎は正二郎より3歳上で、父親の死後徳次郎と改名した。弟とは異なり勉強嫌い。正二郎がいつも級長を務めるなど成績優秀だったのに対し、根っからのスポーツマンタイプ。当時4年制だった商業学校を6年かかって卒業した。周囲に兄弟でこうも違うかと思わせていらしい。当時珍しかった自転車を乗り回したり猟銃を手にハンターとしての腕も上げたりしていたという。ゴルフ好きでもあったようだ。

後述するが、自動車を宣伝に利用しようとの正二郎の提案に兄徳次郎はすぐに賛成、運転を自ら習い、

事業概況

日本足袋株式會社

創立　大正七年
資本金　壹千万圓　（拂込濟）
支店　大連
工場所在地　久留米、福岡、青島、横濱（建設中）
工場敷地　約一二万坪
従業員　約一万人
主要製品　ゴム底地下足袋、ズック靴、ゴム靴、皮靴
生産高　日産　一五万足　年産　四五〇〇万足

附屬事業
製紙工場（福岡）　年産　五〇〇〇屯
地下足袋及靴ノ紙箱包装荷造用ノ紙ヲ自給ス
炭酸マグネシューム工場（久留米）　年産　三〇〇〇屯
滿洲大石橋ノマグネサイト礦石ヲ原料トス
機械製作工場（久留米）　年産　五〇萬圓

總生産額　二、八〇〇萬圓
内　一、九〇〇萬圓　内地販賣
九〇〇萬圓　海外輸出

主タル海外販路
滿洲、支那、印度、南洋、亜弗利加、南米、白耳義

日本足袋の事業概況

福岡県の自動車免許取得者の第一号になった。20歳の時、志まやを正二郎と一緒に引き継いだが、徳次郎は性格から外向きの仕事を担当した。25歳で市会議員、30歳で商工会議所議員、44歳から55歳まで、すなわち昭和8年（1933）から16年間は久留米商工会議所会頭を務めた。久留米市の名誉市長にも選ばれた。公職に半生を送ったが、営業活動や広告活動では共に苦労したと正二郎は述べている。商工会議所会頭時代には市の発展のために旭屋デパートを創立。昭和12年（1937）には旭製鋼所を創立し、社長を務めた。兄弟ともに郷土愛、地域貢献、公共意識の強い事業家だった。成功した足袋事業のさらなる発展を期して正二郎と一緒に大正7年（1918）に日本足袋株式会社を設立し

社長に、正二郎は専務取締役になった。日本足袋株式会社は後の日本ゴム株式会社である。昭和5年（1930）徳次郎社長は相談役に退き正二郎が社長に就いた。戦後、GHQ（連合国軍総司令部）の財閥解体政策により会社は根本的に改組されて、正二郎は日本ゴム株式会社と一切関係を断つ。社長には慶応大学の永田清教授が就任し、石橋徳次郎は会長に就任した。徳次郎は昭和33年（1958）に亡くなった。

優等、寡黙な少年

正二郎は明治28年（1895）6歳の時、荘島《しょうじま》尋常小学校に入学した。勉強好きで聡明だったが、体が弱く学校は欠席が多かった。しかし優等で卒業した。同級生は122人、父親の徳次郎は父兄代表で挨拶した。寡黙で内気でこれといって目立つところもない少年時代だった。

自身のことを「はにかみ屋」だったと振り返っている。

毎年正月には久留米の近くにある大宰府の天満宮にお参りした。菅原道真公が祭ってあり学問の神様として知られる。道真の作った「心だに誠の道にかないなば祈らずとても神や護らん」という和歌に感銘を受け、生涯抱き続けた信念のもととなったと述べている。

日本足袋の久留米工場内部

明治35年（1902）久留米高等小学校の3年から久留米商業学校に進学した。明治29年（1896）創立の同校は福岡県下最古の歴史を誇り、九州全域から受験生が集まる難関校で入学定員70に200人もが受験したという。合格者の年齢もまちまちで、正二郎は最年少だったが、常に級長を務めたという。

久留米商業学校時代、15歳の時に、学生が教師の排斥運動を企て、ストライキ騒動が起きた。正二郎は血判状に血判を押さず、参加しなかった。スト参加者から脅されたが屈しなかった。不参加は2人だけ。スト参加者は無期停学となった。自分で独自に判断する、その信念はこの頃からだった。卒業の同期生はわずか28人。正二郎は進学志望で、卒業の前年、来学した神戸高商の校長にも進学を勧められたが病を患っていた父親から断念するよう言われ、やむなく家業を継いだ。正二郎自身は兄弟2人ともが家業に就く必要はないと考えていたようだ。同窓で神戸商大に進んだ石井光次郎（後の衆議院議長）について誠にうらやましい限りだったと語っている。石井とは生涯深く交友し石井の長男公一郎は正二郎の４女と結婚し、後に経営に参画し、正二郎を支えることとなった。

技術進歩と重なった歩み

明治５年（１８７２）に東京―横浜間に鉄道が開業した。九州にも文明開化の波が寄せ、正二郎の生まれた明治22年（１８８９）、博多と久留米の間40㎞に九州鉄道が開通した。ただ、街に電気はまだなく明かりには種油を使う行灯、石油ランプ。ガス灯の時代を得て、明治40年（１９０７）になって電灯がついた。水は井戸水、洋服を着ている人は役人、巡査、軍人くらいであとは着物。足袋と草履が主流の時代だった。乗り物はガタ馬車や人力車程度。人力車もゴム輪ではなく、がたがた音を立てて走っていた。自転車が久留米に登場した当時、子供たちはその後を追いかけて走ったと正二郎は記す。外国人も珍しく見掛けると、同じようにその後をゾロゾロついていったという。肉類はまれにしか食べず、牛乳も病気の時だけ。パンにバターをつけて食べたのは14、５歳になった頃だったとも。その頃エジソンの発明した蓄音機が久留米に初めて来たので聞いたともつづる。明治30年（１８９７）

８歳の時、久留米で初めてかかった活動写真は、馬車がただ街を走るだけの映像でお粗末な作品だったと想起している。

正二郎の歩みと科学技術の進歩　素晴らしい時代

白熱電灯、活動写真は、正二郎が生まれる約10年前にエジソンが発明した。マルコーニの無線電信は正二郎６歳の時。電話は15歳の時、久留米に開通し、当初は市全体で加入者番号は３００番だった。ラジオは大正13年（１９２４）に初放送。ＴＶ放送開始は昭和10年（１９５３）と、正二郎は情報革命の進展の時代を生きた。自動車が我が国に初登場したのは明治38年（１９０５）、フォードの自動車大量生産開始は大正３年（１９１４）。ライト兄弟の有人動力飛行は明治36年（１９０３）、24年後にはリンドバーグが大西洋単独無着陸飛行に成功する。そして、ジェット機時代と宇宙飛行時代の到来。正二郎の歩みはこうした科学技術の進歩と重なる。

正二郎は若かった頃、外国で生まれ続々と紹介される新技術、新製品から新たな発明、発見の重要性と可能性を読み取った。以来、常に技術革新を心掛け、新技術の芽を探知し開発に努めた。これは地下足袋の開発からタイヤの製造や新規事業化に至るすべての道で徹底している。成功のベースの一つは正二郎がイノベーターであったことだ。現代ではビジネスにおけるイノベーションの重要性は当然のごとく考えられているが、当時はこうした考え方はなかった。正二郎の回想録にはライト兄弟、エジソン、フォードなどなど当時の発明家の名前、業績が出てくる。福岡県を訪れたアインシュタインの相対性原理の講演をわざわざ聞きに行ったこともある。中身は全く分からなかったと述べているが、科学技術の進化には非常に関心が高かった。

正二郎はとても若づくりで、面白いエピソードが残っている。「息子幹一郎とアメリカに行ったら〝ブラザー、ブラザー〟と呼ばれた。兄弟とよく間違えられた」という。松方コレクションで有名な松方幸次郎氏からぜひ会いたいといわれて朝早く出かけてゆくと「おい君と違うぞ、お父さんに来てくれ」と言われて「自分が石橋です」と改めて名乗ったとの話も。正二郎が40歳ぐらいの時だった。

正二郎は28歳で結婚。大正6年（1917）5月、お相手の昌子は21歳だった。昌子は太田惣三郎氏の娘。子供は長男幹一郎、長女安子、次女典子、三女啓子　四女多摩子の一男四女である。次男文二は夭逝。正二郎は昌子夫人の死後、清水富久と再婚した。長男幹一郎はブリヂストンの社長、会長などを歴任した。

ミニ年表

※正二郎半生とブリヂストン創草期は戦争の時代でもあった

1889年（明治12）石橋正二郎生まれる　帝国憲法発布（2月）
1894年（明治27）日清戦争（4月）
1895年（明治28）日清講和条約（4月）
正二郎、尋常小学校入学
1902年（明治35）正二郎、久留米商業学校入学
1904年（明治37）日露戦争
1905年（明治38）奉天会戦（3月）
日本海海戦（5月）
日露講和条約（9月）

※日本が勝利し、正二郎の国家観、国家意識、事業家意識に大きな影響を与えた。
1914年（大正3）第一次世界大戦（7月）
1917年（大正6）ロシア革命（3月）
石橋正二郎、太田昌子と結婚
1918年（大正7）日本足袋（株）設立
第一次世界大戦終結（11月）
※日本は戦勝国となり日本経済の大きな発展の機会となった。
産業界は世界がつながっていることを痛感した。世界的大恐慌を体験、経済学、経済予測、金融など世界とのつながりを学んだ。
1931年（昭和6）ブリッヂストンタイヤ（株）設立、正二郎社長就任
満州事変（9月）
1937年（昭和12）日華事変（日中戦争、7月）
1939年（昭和14）第二次世界大戦（9月）
1941年（昭和16）独ソ戦争（6月）
太平洋戦争（12月）

1945年（昭和20）ポツダム宣言受諾（8月）
1950年（昭和25）朝鮮戦争（6月）
1953年（昭和28）朝鮮戦争休戦協定調印（7月）
※太平洋戦争、敗戦により産業は壊滅的な打撃を受けたが、新技術の導入に励み産業技術は飛躍的な発展をみた。

目次

第1章　地下足袋から生まれたビジネス

17歳からのスタート

石橋正二郎。この名前を今日、どれほどの人が知っているだろうか。

ブリヂストン美術館、ブリヂストンというタイヤ会社を知っていますかと続ければ、思い出す人がいるかもしれない。ブリヂストンという名前は、タイヤ製造の際に使う金属製のモールド（金型）の肩にブランド名を刻印するため、必要に迫られて誕生した。姓の石橋を英語にするとストンブリッジ。それをブリヂストンと組み直し響きよくしてブランドにしたという。商標（トレードマーク）のキーストン（要石）は昭和59年（1984）までは使用され、現在は使われていない。この商標とブリヂストンというブランドが誕生したのは何と昭和3年（1928）。商標を英語名にしたのは将来のタイヤ輸出を見据えて、販売しやすくしたいという国際感覚だった。今でこそ英語名の会社・商品は多く、違和感もないが当時としては画期的なことで、初めから海外市場を想定していたのには驚かされる。昭和4年（1929）にタイヤ工場を建設し、試作が開始されたのだが、ブリヂストンは今や売上高3・7兆円、利益4027億円で1株当たりの配当は年160円、世界一のタイヤメーカー、グローバル企業として発展した。

久留米の名もなき一地方の会社がなぜこのような地位を占めるに至ったのか。正二郎は大学も出ていない、経営学など耳にすることのない時代の人だ。ビジネスマンとして立ち上がったのは父親から引き継いだ仕立て物屋を17歳で継承したことに始まる。タイヤ事業に乗り出すのはずっと後のことである。仕立て屋は今流でいえば町の衣服製造業ということになる。シャツやズボン下、足袋を製造する零細中小企業でしかなかった。

初代商標「ブリッヂストン」（ポスター）

正二郎は、間もなくして足袋屋に転換し社号を志まや足袋店と改め、新たなビジネスを展開し始めた。兄弟二人がシャツ、ズボン下まで作ることはないと考え、足袋製造、販売に専念することにした。現代では足袋の需要は限定的で、足袋を履いたこともない、知らないという若い人も多いだろう。足袋は靴下に姿を変えてしまったが、当時は生活必需品だった。仕立て屋も足袋屋も代表的な伝統地場産業で、職場も製品も売り方も伝統と業界のしきたりに縛られていた。各地に足袋屋は乱立し、競争は激烈を極めた。19歳の時に50坪の工場を設立、足袋の専業化により生産は日産400足に達した。さらに動力を活用するなど機械化を進めると生産は飛躍的に増進し、大きな利益を上げるようになった。

正二郎は若い時代、特に17歳から24歳までの8年間は苦労の連続だったと回顧している。若いときの苦労は買ってでもせよとか「艱難汝を玉にす」という言葉で励まされたという。苦労によって練磨され、人情の機微を知り、商売の実地を学ぶことができた、とも述べている。決して不運でなかったとも語るが、並大抵の苦労ではなかったようだ。それは、いくつもの革新的な取り組みゆえだったかもしれない。

時代先取りの経営

志まや足袋の経営で、正二郎は当時考えられないことを幾つも手掛けた。その手法はまさに革命的、

従業員の保養施設「旭クラブ」の庭園

イノベーションであり、今もブリヂストンの中に生きている。考え方、手法、行動には現代の会社経営を先取りし、生き方を教示するものが多々ある。

その第一は、人事政策と手法である。当時の足袋屋はいわゆる丁稚奉公制度が支えていた。簡単に言えば原則無給、無休で、住み込み勤務で衣食住は雇用者持ち。盆暮れに里帰りの年2日の休暇がありその際若干の小遣い銭と手土産がでるのみ。仕事をしながら技術を身に付けるという仕組みであった。家父長主義の経営で生活の面倒は見るものの24時間勤務。現代ではとても考えられない人事労務制度でそれが当たり前だった。正二郎は親の反対、業界のブーイングを無視してこの制度を改革した。無休で人を働かせることができるのに何たることかという批判的な声に、仕事にはきちんとした対価を支払うべきだと、給与を払い、働く時間も短縮する人事改革を断行した。これによって足袋の生産性は急上昇し、足袋の供給能力は業界で断トツとなった。合理化とコストダウンが進み利益は急増した。

正二郎の経営の原点の一つをこの人事制度の革新に見ることができる。その後のビジネス展開の中でも常に今でいう働き方改革を推進した。働く人の立場、人間性を直視し、経営の中で時代を先行した視点、施策をパイオニアとして展開した。人はなぜ働くのか、企業は誰のため、何のためにあるのかを自問自答し続けた。世の中にはできない人はいない、その人ができないのは適材適所でないから、人を活用する視点を見失っているからだという考えに立った。給与待遇は他社より高くあることを旨とし、そうできるようにする経営力こそが大事だという哲学があったように思う。ややもすると、安い給与で人を使っていることを自慢げに言う経営者がいるが、正二郎からはそんな発言を聞いたことはない。

家父長主義といえば正二郎はすごい父親でもあった。いつも従業員の生活向上に関心を持ち、従業員と家族のことまで心配した。工場を造る時には社宅を含め福利厚生設備の充実を図り、そのために必要な土地も同時に確保した。日本足袋会社を運営する時代には、生活必需物資を廉価に購入し配給する仕組み、購買会を設置した。これは戦後、生活協同組合に発展した。従業員のための療養所、福利施設なども設置している。戦後復興期の生活で社員が一番困るのは住宅だろうと考え、社宅政策には特に力を入れた。『理想と独創』には「戦後のわが国すべてのものが窮乏し、どん底の生活にあえいでいたが、その中でも住宅難が最もひどく、落ち着いた生活も勤務もできない状態であったから従業員の社宅を建てることが急務」と記されている。これが後々までブリヂストンの福利厚生策の核となった。

昭和28年（1953）6月、500ミリを超す豪雨で筑後川が氾濫し、久留米市のほとんどが水に漬かった。久留米工場も大被害に遭った。正二郎は海外出張から急遽帰国した。従業員の被災はひどく、水浸しの社宅が続出した。帰国するやいなや巨額の救援金を従業員に配った。救済では社宅の建設に力を入れ、木造住宅から高層のコンクリート建築へと改造。また周辺には幼稚園、児童会館、従業員倶楽部、体育センター、マーケットなどを配置したコミュニティーをつくり、自らのアイデアで推進した。アイデアでは後述する東京工場の設計にも生かされた。正二郎は都市づくり、コミュニティーづくりのアイデアマンでもあった。

均一価格制の成功

第2はマーケティング。志まや足袋の事業で業界トップクラスの地位に躍り出て業界を驚かせた理

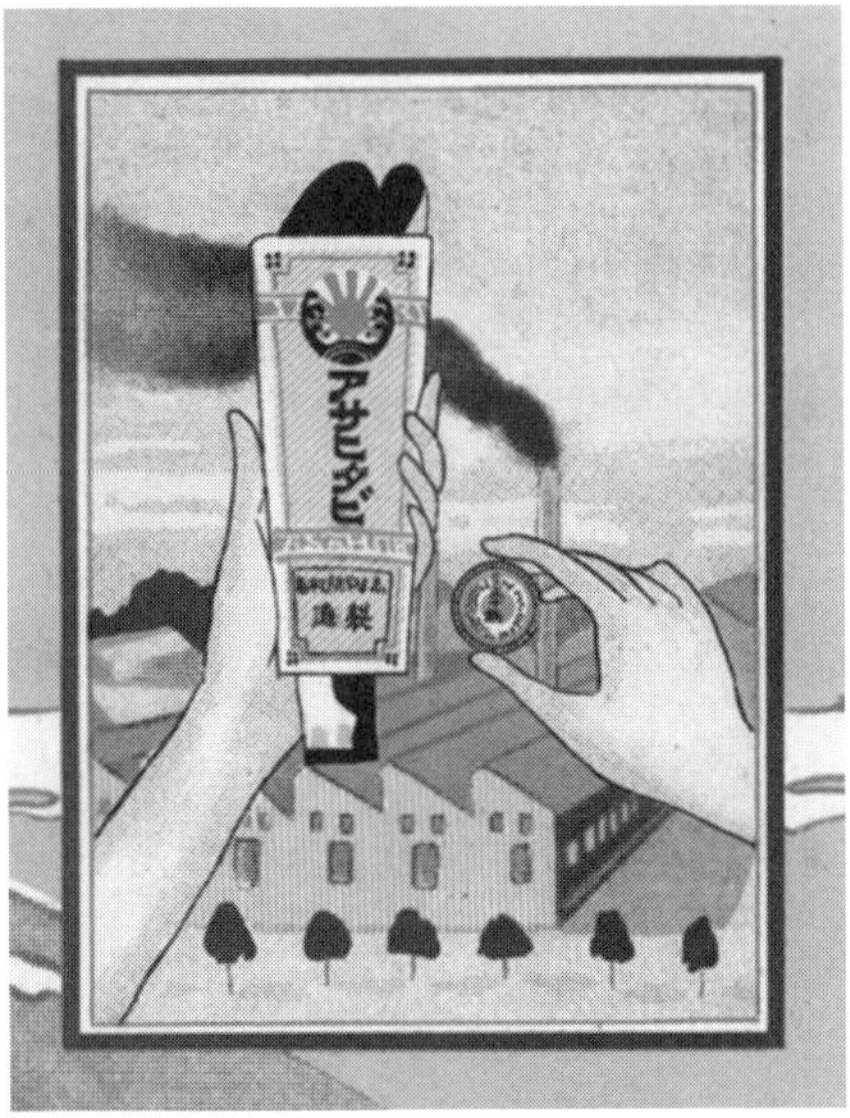

20銭均一アサヒ足袋の宣伝

由の一つが、今で言うマーケティングに画期的な手法を打ち出したことである。まず伝統的な業界の価格設定の仕方を根底からひっくり返した。当時足袋の値段は品種、サイズごとに設定されていた。それをサイズごとから均一価格に変えたのである。均一価格制は買い手に喜ばれただけでなく、売り手もややこしい計算から解放され営業の生産性が飛躍的に向上した。大正3年（1914）に「20銭均一アサヒ足袋」という広告で売り出したところ、注文が殺到した。業界では後に価格の均一制が一般化したが、何でもないような当たり前のところに改革の鍵の一つを見いだしたわけである。マーケティングなどという学問がない時代にマーケティングでいう4P[1]の一つ、価格（P）に着

[1] 4Pとは
プロダクト（商品）、プライス（価格）、プロモーション（広告）、プレイス（流通）のこと

自動車による志まやたびの宣伝売り出し

眼した点は注目すべきだろう。正二郎が価格均一性を採用したきっかけは東京に出かけて利用した市電での体験だ。当時、市民の足となっていた市電の電車賃が5銭均一なのにヒントを得たという。正二郎は多くの人が見逃している庶民の生活、社会変動の中にいつも新しい発見をし、それを応用するということが得意だった。

価格の考え方についてはさらに注目すべきは、消費者の出費をトータルで下がるようにして生活の向上を図ったことだ。わらじと足袋への毎日の労働者の出費を下げるため、労働者の購買力を念頭に地下足袋の価格を設定した。そして合理化と大量生産で値段が下がるようにしたこと。後のタイヤ事業でも同様のことをした。国産タイヤの製造を始めて軌道に乗り出すと、それまで外資系の独占で高価格が維持されていたタイヤ価格は急落した。当時自動車業界で頭痛の種だったタイヤ経費が軽くなり、非常に喜ばれたという。

正二郎はいつも何かを観察し、何かを学ぼうとしていた。改革のヒントを得ることに熱心で、筆者の経験でいえばいつも誰からも何事からも学び、洞察できるように眼光は常に輝いていた。

当時東京で見て体験した自動車を、足袋の広告・販売促進に用いたこともその一例だ。

20世紀の初め、日本は近代化の道を進み鉄道の後を追うように自動車が姿を見せ、新たな産業の形を描き始めていた。日本に自動車が初めてやってきたのは明治31年（1898）。東京の築地と上野の間をフランス製の自動車が走ったといわれている。大正時代中頃には東京をはじめ大都市には自動車が走り始めていた。大正15年（1926）ごろ国内の自動車所有台数はおよそ4万台。昭和5年（1930）の東京で個人乗用車は1575台、貨物自動車457台しかなかった[2]。自動車は特別の富裕層が所有するもので、地方では目にすることはできなかった。

正二郎はこの自動車に目を付けた。明治45年（1912）、23歳の時のことだ。当時東京には乗用車がやっと300台の時代。見て早速乗ってみた。そして奇想天外、革新的なヒントを手に入れた。乗用車を一台購入し、久留米に持ち帰って足袋の宣伝に使用したのである。当時の値段で2000円だった。運転手は東京で雇った。当時九州には自動車は1台もなく、「馬のない馬車が来た」と大騒

[2] 奥井正俊（1993）「大正・昭和戦前期における自動車の普及過程」新地理36（6）P30－38より引用

ぎとなり、人々は自動車を一目見ようと連日押しかけた。志まや足袋の知名度は飛躍的に向上し、これが販売促進の役割を果たし、売り上げ増進に大きく寄与した。テレビ、ラジオなどのない時代に自動車そのものを広告媒体にして宣伝をする手法はまさに革命的で、クリエーティブだった。正二郎は買い手の心、欲求、ニーズ、社会の風を読むことを常に心がけたし、洞察力はまさに天才的であった。訴求手法を選ぶ感覚はずば抜けていた。この頃日本に映画が到来した。正二郎はこれもいち早く利用した。『足袋のできるまで』という作品を制作し、劇場映画数本とともに各地を巡回した。常設の映画館のない時代で芝居小屋、学校の講堂、寺院の本堂、劇場などを借りて無料で見せるようにした。映画そのものが珍しいこともあり大人気で、広告効果は抜群であった。昭和10年（1935）にはグライダーを広告に使っている。当時は福助足袋、つちや足袋などの同業他社をはじめ全国に大手業者ができ、競争激烈で販売

志まやたびとアサヒ足袋の営業案内パンフレット

競争に勝つためには思い切った広告戦略が必要だったのだ。これが当たった。

ネーミングの妙

もう一つのマーケティング革新はネーミング。社名のブリヂストンもそうだが足袋の販売では「志まや足袋」の名前を一新し、「アサヒ足袋」として売り出した。新ブランド名の採用に当たり既存の類似ブランドも買い取るなどの対策も構じた。この新ブランドも販売促進に強力に働いた。

時は大正時代、第一次世界大戦を背景に経済は不況の波に洗われたが、人事革新と自動車を用いた独創的なマーケティング戦略に加え、製造の近代化で正二郎の経営する足袋屋は好調だった。不景気にあえぐ同業他社をしり目に大戦勃発の翌年には年間200万足を製造し、3年ばかりでこの足袋の事業で莫大な利益を上げ、業界トップクラスに成長した。正二郎が一流会社と肩を並べられるようになったと感じたのは25歳の時だというから、まさに急成長だったのだ。

そして大正7年(1918)、29歳の時に稼ぎ出した莫大な資金を元手に資本金100万円の日本足袋株式会社を創立、昭和12年(1937)に社名を日本ゴムと改めた。日本ゴムをベースに正二郎は色々な先端的事業を創業、展開し今日のブリヂストンの礎、事業発展の道を築き上げた。

第一次世界大戦前後の日本経済は現在以上に不透明で、脆弱な上変動が激しく、産業界の浮き沈みは激しかった。輸出が途切れて市場を失うもの、物価高騰で売り上げ不振に陥る会社も数多かったが、日本ゴムはこの間にも急成長した。正二郎の景気、経済を読む目の鋭さと優れた判断、決断のスピードが大きな力となった。大戦が始まると物資不足を予想し、価格高騰を見通して、必要な原材料を資金が許す限り買い込んだ。これが的中した。しかし戦争が長引かないと読むと、物価下落を前に手持ち原材料を売り払ったので、講和条約締結後の物価下落と経済恐慌には痛手を被らずに済んだ。正二郎は経済の動向をいつも注視していた。その視点は長期的なもので、経済がどのような方向に進むか、どのような動きをするのか、経済発展の中で何が求められるのか、人は何を求め、どう行動するのか、事業家は何をしなければいけないのか—を常に考察していた。そのようにして様々な経営行動を打ち出した。投資、創業、新製品の投入、販売のタイミングはどれも抜群だった。

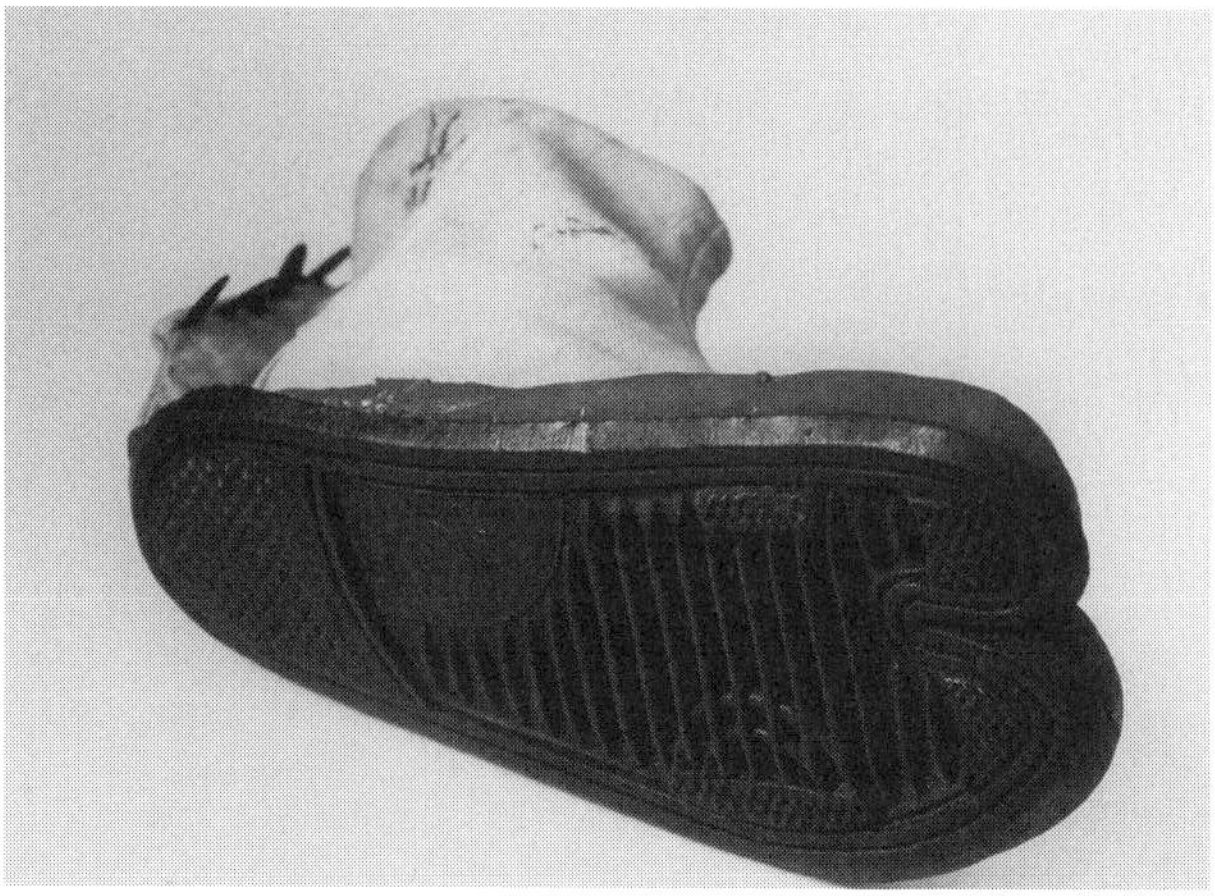

アサヒ地下足袋

新しい履物　地下足袋　イノベーション

人事革新、マーケティング革新とともに地下足袋という大衆履物の発明、イノベーションが日本ゴム、ひいては日本のゴム産業の飛躍的な発展の基盤を作ったといえる。

第一次世界大戦で日本は戦勝国となり、経済は発展した。正二郎は国民の生活水準の向上を求める機運が高まると洞察し、足袋をベースに新しい履物を作ろうと考えた。ヒントは農業、林業、鉱山や建設現場などで労働者が使っていたわらじだった。現代人にはわらじは無縁の履物だが、当時の労働者は一人一日一足5銭のわらじ代に足袋代も必要で、日給が一円内外の時代、働く者にはばかにならない出費だった。

正二郎は九州の石炭鉱山でわらじを履いて働く労働

者の足元を見て何とかしようと思い立ち、足袋にゴムを張り付け耐久性と働きやすさを備えた地下足袋の開発を考えた。ヒントは大正11年（１９２２）に兄が上京し三越デパートで買い求めてきた米国製テニス靴にあったという。足袋にゴム底を縫い付ける商品は既にあったようだが、正二郎はゴムのりで張り付けることによって耐久性と利便性の向上を狙った。

しかし日本のゴム工業技術はまだ未熟でこの接着技術には非常に苦労した。技術開発には大阪の工業試験所の支援を受けた。専門技術者を斡旋してもらい、大正11年（１９２２）６月から日本足袋の工場で極秘裏に昼夜兼行、短期決戦型で研究開発に挑んだ。自らも参加して、わずか２カ月余でゴムのりを用いてゴム底を足袋に接着させることに成功し、堅牢なゴム底地下足袋の生産を可能にした。この地下足袋１０００足を三井炭鉱に送り使用してもらったところ、作業もしやすく、耐久力も十分と評価された。製品化の見通しも付いたので、新工場を建設し、大正12年（１９２３）１月からアサヒ地下足袋として売り出した。ゴムと足袋の接着技術からは運動靴も誕生した。

ゴムと足袋あるいは繊維、金属と繊維などをうまく接着させることは非常に難しく、タイヤの本体部分では使用する合成繊維や金属繊維（スチールコード）とゴムの接着に高度な技術を要する。自動車タイヤの製造を含めゴム工業界ではその接着方法は重要な企業秘密になっている。正二郎が直面した最初の技術上の課題はこの接着技術で、それを習得すべく当時日本に収容されていた第一次世界大戦のドイツ人捕虜からも学んだ。その捕虜が、技師ヒルシュベルゲル氏である。

正二郎は彼を非常に大事に処遇していたという。タイヤの製造を始めるに当たって、さらに九州帝国大学の君島武男教授に技術指導を仰いだ。正二郎はその道の一流専門家に常に教えを乞うことを旨としていた。年末恒例のベートーベンの交響楽第九番の合唱も当時のドイツ人捕虜から伝授されたものだと教えられたことがある。当時の国民感情がどのようなものだったか、知るすべはないが、外国人捕虜からも一流のもの、最新のものであれば学ぶという姿勢には驚かされる。

地下足袋の実用新案権は大正12年（１９２３）10月に取得し、新案権の価値を確立するため、関連する実用新案も買収した。当時日本足袋会社の地下足袋製造は、工場火災で生産の一時停止を余儀なくされた。この機を狙って10数社の足袋会社が地下足袋の製造を始め、その後、特許侵害の紛争に発展したが大正15年（１９２６）に勝訴した。類似品との競合を避けるため地下足袋の製造には、一足2銭で使用権を認めるライセンス契約を結ぶ措置も取ることになった。

ライセンス契約提供のいきさつには、正二郎の実業人としての生きざま、哲学をうかがい知ることができる。当時の新聞には次のような主張が載った。「我々は一企業の私利、私欲のために係争しているのではない。当社の地下足袋は労働者階級の履物であり、自信をもって品質優秀のものを作っている。それに対し品質粗悪な模造品が続出しているが、これを黙認すれば労働者階級は結局粗悪品を履くこととなり、大衆の不利益となる。我々の真意はこの粗悪な模造品を一掃して日本産業に貢献せんとするものである。したがって他社が我々のつくるものより良い品を作り、これを安く売るのであれば矛を収めよう」

この接着技術の課題を乗り越えて製造した地下足袋は世の中から大歓迎された。今流にいえばマーケットニーズに即した超ヒット商品となった。今までわらじや足袋を使っていた労働者は地下足袋の出現で出費が大幅に減っただけでなく、働くことが楽になり仕事も大幅にはかどるようになった。まさに革命的な日用商品であった。「アサヒ地下足袋」を発売開始した大正12年（1923）の売り上げは150万足、翌年には400万足も製造販売した。正二郎は「昼夜兼行で増産しても注文に間に合わず、断るのにも苦労した」と発言をしている。生産設備の増設は続き昭和2年（1927）には工場は6階建てのものを含め2万坪、6万6200平方メートル、生産量は1000万足となった。それでも注文に応ずることができないほどで、昭和10年（1935）には年間2000万足も生産した。業界からはこの勢いを「天空を馬が行く」と表現されたと正二郎は振り返っているが、何ともうらやましい物語ではある。

地下足袋のビジネスで成功した正二郎はゴム靴や長靴の製造にも力を入れ始めた。昭和3年（19

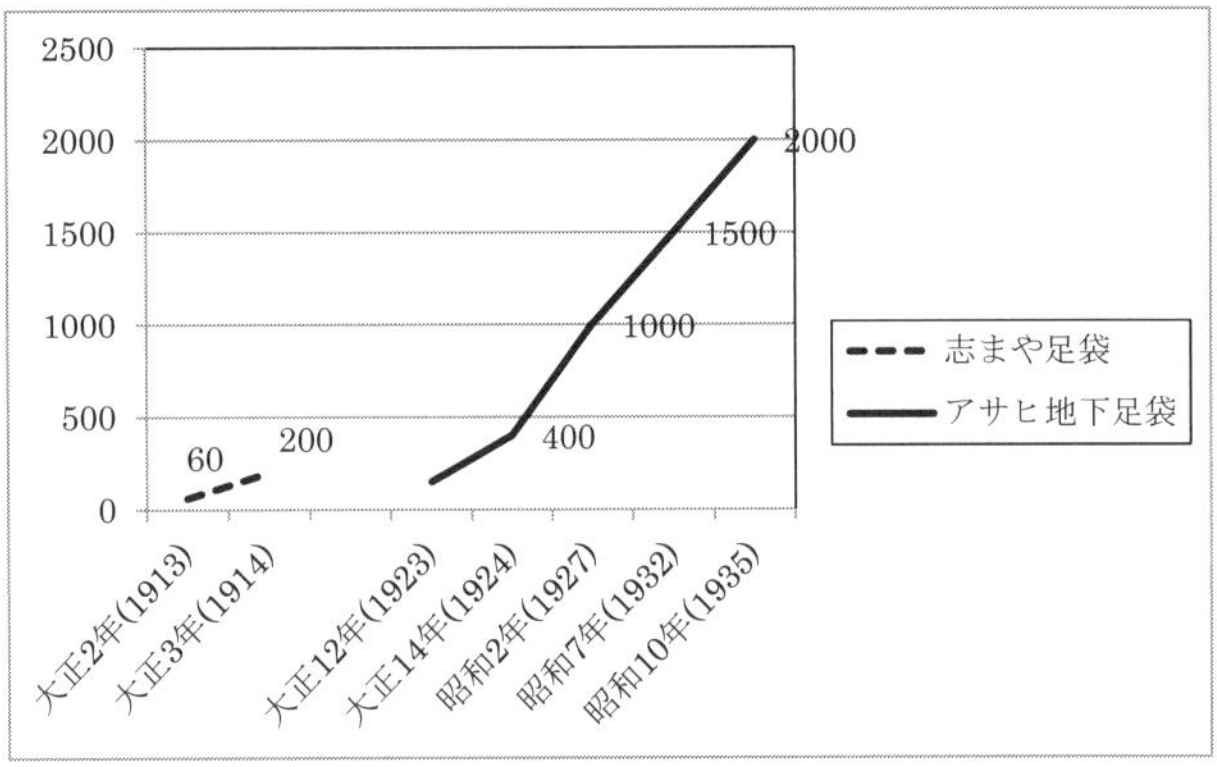

驚異的な生産拡大(年産・万足)

28）福岡市に3万坪、9万9180平方メートルの工場用地を買収し、5階建ての工場を建設。従業員は4000人、昭和12年（1937）には生産量は2000万足になった。

地下足袋とゴム靴の生産量、販売高は急伸した。ゴム靴は広く学校で使用されるようになり、地下足袋は作業能率、安全性などの点で評価されたことが弾みとなった。さらに関東大震災での復興需要も手伝った。アサヒ地下足袋の需要は一層高まり、地下足袋、ゴム靴のビジネスは驚異的な発展を遂げた。

国家発展への使命感

製品の製造販売は中国（青島、遼陽、上海)、朝鮮（ソウル、釜山)、台湾でも行った。その総数年産3000万足という。正二郎はビジネスの国際化をいつも当然のように考えていた。

世界に市場を求める強い意志の裏には、国家への貢献意識が強く働いていたようだ。タイヤビジネスに手を出すことになった時にブランド名をブリヂストンと英語にしたアイデアも、背景には正二郎の国家意識、事業家としての使命感があった。単に輸出で稼ぐというだけでなく、外貨を稼ぎ、国の発展に寄与することの重要性に対する強い認識があった。ゴムはすべて輸入で外貨を使う。その外貨は自分で稼ぎ出さなければならない。日本は多くの産業資源を外国に依存している。国の発展には事業家自ら外貨を稼がなければならないという強い思いがあったのだろう。正二郎のビジネスの展開にはいつも国際的な考察、国際化が働いていた。地方都市久留米で育った正二郎がなぜそこまでの感覚にあふれていたのか不思議だが、理由の一つは日露戦争、とりわけ日本海海戦にあったようだ。

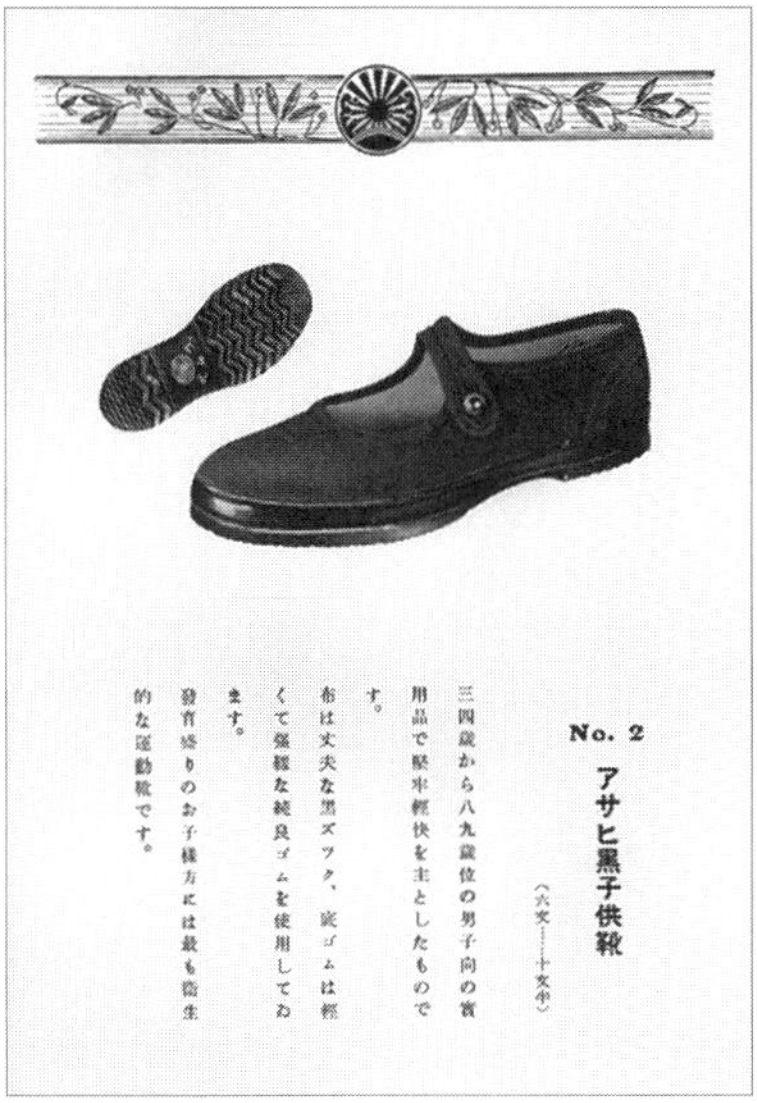
No. 2
アサヒ黒子供靴
（六文……十文半）
三四歳から八九歳位の男子向の實用品で堅牢輕快を主としたものです。
布は丈夫な黒ズック、底ゴムは輕くて強靭な純良ゴムを使用してゐます。
發育盛りのお子様方には最も衛生的な運動靴です。
アサヒ靴「黒子供靴（ズック靴）」の商品紹介

正二郎は16歳の時、久留米で日本海海戦の砲声を耳にした。戦争に勝利した意義とともに日本国という国の在り方、発展の方向性を強く意識した。とりわけ連合艦隊を勝利に導いた東郷平八郎元帥を深く尊敬した。尊敬する人物の筆頭に東郷元帥を挙げ、次のように語っている。「政治に関与せず、至誠をもって国に仕え、困難に際しては超凡の大決断によって国を救い、しかも功を誇ることなくつねに謙譲の美徳を守った国民的英雄は我々日本人の模範であり、大恩人であり、どういう時世になろうとも日本民族の存続する限り、奥ゆかしい人柄に対する追慕と敬仰ぐ気持ちを忘れてはならない。…アドミラル東郷は世界の英雄として賛美され、我が国を累卵の危機から救った大功績は千古不滅のものといわねばならぬ」

正二郎の若い頃は日露戦争と第一世界大戦、満州事変などが戦争が相次いだ。世界的な経済変動にも直面し、経済、社会の大変動時期でまさに疾風怒涛の時代だった。昭和4年（1929年）10月24日にはニューヨーク株式市場が「暗黒の木曜日」と呼ばれる歴史的大暴落を起こし、これが世界的な大恐慌に発展し、日本は昭和恐慌と呼ばれる時代に突入した。日本は大波の中にあり、その波を読みながらの企業のかじ取りは困難を極めたことだろう。それでも正二郎の事業は順調に発展した。昭和5年（1930）の議会で時の大蔵大臣井上準之助は「かかる不景気中にもなお繁盛しているものに東にマツダランプあり、西に日本足袋あり」と発言。また同時期の三井銀行（現三井住友銀行）支店長会で当時の福岡支店長が「現不況の折から、年100万円前後の利益を上げているものは、個人営業者としては石橋正二郎氏以外にはない」という趣旨の報告をしているくらいで、正二郎の事業は突出したものだったようだ。

第一次大戦後の世界市場は大きく動いた。日本足袋の安価で良質なゴム靴、地下足袋は海外市場でも歓迎された。中国はもとよりインド、イギリス、フランス、ベルギー、アメリカなどの欧米諸国で販売された。価格と品質で当時の海外の同業者からは敵視され、昭和8年（1933）ロンドンで開催された国際会議において不当乱売で非難されたが、結果的にはダンピングに当たらずとの判定だった。しかし競争は熾烈を極めた。しかし正二郎は年間利益200万円と当時では信じられないような業績を上げていた。着実に資本を蓄積し、次なる発展の場と機会を狙っていた。そしてブリヂストンが生まれたのである。

ブリヂストンは昭和6年（1931）3月1日に発足した。実は、胎動は既に昭和3年（1928）前後から始まっていた。この頃の日本と世界は、不況に直面し明日にも沈没しかねないような出来事が頻発していた。昭和恐慌の時代である。農村では「娘の身売り」、町では「欠食児童」という言葉が開かれ、大学卒の就職率は4割を切るというありさまだった。世の中がどん底の時に起業を企てるのは一般常識では考えられない。常軌を逸した行動ともいえるが、正二郎の場合、充分な資金と優れた経済への洞察力、経営センスに裏打ちされていたことを忘れてはならない。まさにピンチはチャンスということを実践したといえよう。タイヤ事業を展開するようになってからの投資行動にはこの傾向が顕著に見られる。足袋、地下足袋、タイヤと新規事業で成功した投資の軌跡や投資戦略を分析すると、正二郎はいつも不況期に新事業を立ち上げたり、投資行動を起こしていることが分かる。そこにビジネス成功の要因の一つがあるのではと指摘すると、正二郎はにやりと笑って次のような説明をしてくれた。「不況の時には機械も設備も工場建設費も安い。資金手当ても容易だし、人手も入手しやすい。それにこのような時に投資活動をすれば雇用も増え地域社会からも喜ばれるし、産業界も助かる。景気は必ず回復するし需要が生まれる。生産コストは安くなり、適正な値段で提供できるし、必要なときに供給できる体制にあるから売り逃しもない」と。この戦略が他社よりも製品コストを格段に低減させ、ブリヂストンの競争力を比類ないものとした。一般的には多くの場合、不況の時には景気の回復をじっと待つ。景気が回復すると、他社に負けまいと投資を始めて販売競争に加わる。結果、いつの間にか過剰設備、過剰在庫を抱える込むという状況に陥りやすい。正二郎の投資行動とはまさに正反対。正二郎はいつでも時代を読む、そして社会が何を求めているのか、事業家としてできることは何か常に考えていたのである。

正二郎に学ぶ　経営学からの考察

①　正二郎は大日本帝国憲法が発布された年に生まれた。明治22年（1889）この年に東海道線が開通した。チャールズ・チャプリンが誕生。フランスのタイヤメーカーのミシェラン社誕生。久留米に市制が施行された。

②　生誕地は福岡県の久留米。当時は田舎町だった。しかし世界のビッグビジネス、ブリヂストンの誕生地になった。アメリカ・オハイオ州のタイヤ産業の企業城下町アクロン市に対し、久留米市は現在、日本のアクロンと呼ばれるゴム産業の集積地である。多くのビッグビジネスは田舎で誕生している。トヨタの豊田佐吉は静岡県湖西市、ホンダの本田宗一郎は天竜市（現在の浜松市）。御木本幸吉は三重県鳥羽市。大企業は一地方の中小企業から生まれた。

パナソニックの生みの親、松下幸之助は4畳半で起業した。

アメリカではガレージから会社が誕生するという。大企業になった零細中小企業の成長発展の秘密は何か。地方の中小企業は宝の山。シリコンバレーでは中小企業から成長企業が生まれている。

③　正二郎は17歳で家業を継いだ。仕立て屋を足袋屋に変身させた。17歳でもビジネス経営はできる。

20代で経営者としての道を歩き始め、42歳でブリッヂストンタイヤ株式会社を創業し、社長に就任。正二郎は大学を出ていない。商業学校だけ。大学に行かなくても一流企業を創造した人は多数いる。世界ブランドを創造した本田、松下も、御木本も大学は出ていない。学歴よりも学力、学ぶ力がものをいう。起業に年齢や学歴は関係ない。

④ 正二郎のビジネス成功の原点は独自性と先進性。誰もやらないことに挑戦、そしてネバーギブアップ。へこたれないチャレンジ精神である。「熟慮断行」を口にし「継続」を旨とした。

正二郎の事業経営発展の軌跡をたどると、独自性と先進性、チャレンジ精神は次の3点で特に顕著に見られる。その第一は人事、第二はマーケティング、第三はイノベーションである。注目点をまとめると——。

人事　丁稚奉公を廃止した。人事革新を行い、人間性指向で人財活用を旨とし、人材育成に積極的に取り組み、人間主義で先進的な人間観と考え方を持っていた。

マーケティング　均一価格の採用、自動車を媒体に使用、顧客本位の発想。

イノベーション　人間生活の向上、発展に貢献するイノベーションを行った。
地下足袋の誕生、需要創造→新履物文化を創造した。
新しい生活文化を創造する。合理的で安価、高品質のものを提供し、質の高い生活を可能にすることを考えた。地下足袋、運動靴、自動車タイヤなどの事業化のバックボーンにはこれがある。

正二郎の経営の3点は成功するための重要な原点で、これから起業を志す人、事業の継承発展を志す人にとっても常に留意すべき不可欠な視点だろう。加えて事業家としての特質に国際感覚、国際意識、投資のタイミングをつかむ能力、そして何よりも国家観と使命感を挙げることができる。

国際感覚、意識、今でいうグローバルな感覚が強かった。地下足袋、運動靴の事業展開で国際戦略が始まった。マーケットを大きく捉え、国内市場と国際市場を自分のマーケットとした。

使命感、国家観が事業推進のベースにあった。事業家は国家、国民の繁栄のために貢献しなければならない。輸出により外貨を稼ぐのは国家、国民の繁栄のために重要であると考えた。

⑤ 投資のタイミング、洞察力、時代を読む力、人間社会の動き、ニーズを読み取る力、社会を見る力、先見性、そして決断力に優れ、投資のタイミングは絶妙でピンチをチャンスと捉えた。ビジネスの成功の奥深い秘訣ではないか。大不況でも成功できることを教えてくれている。

このような意欲的な取り組みには驚かされる。その秘密について考察してみると、駆り立てていたものはロマンと心意気（情熱・パッション）だった。ロマンと夢を事業の中で実現していたのではないか。それは何か。さらに、それを紹介していきたい。読者の皆さんのロマンは何ですか。

一寸脱線

「タイヤは命を乗せている」

「タイヤは命をのせている」というコピーはブリヂストンが１９７０年代に使用したコマーシャルで使い、タイヤの重要性を端的に表現しているものとして注目を浴びた。ジェット旅客機の離着陸のタイヤの役割を見れば、一目瞭然だが自動車の場合も同じだ。

タイヤの安全性、乗り心地、耐久性などいわゆるタイヤ性能と密接な関係のあるものの一つがタイヤの骨格を作るために使用するコードといわれるもの。コードの素材、ゴムとの接着がタイヤの技術革新、イノベーションの柱にもなっている。タイヤが初めて登場した時は綿コード。それからレイヨンコード、ナイロンコード、ポリエステルコード、スチールコード、アラミドコードへと変化、進化を遂げている。これが技術革新のベースとなるもので、現在のタイヤの多くはスチールコードを使用している。正二郎は戦後アメリカのグッドイヤー社を訪問した際にこの分野での遅れを痛感し、関連のイノベーションに常に目を配り、最先端を行くよう努力した。後にナイロンタイヤを初めて日本で製造したのはブリヂストンだと語っている。この品質、特に耐久力は抜群で、ブリヂストンが日本のタイヤ業界で断トツの競争力を持つきっかけとなった。地下足袋や運動靴の製造にはフォードの大量生産方式から学び、コスト削減に当たったが、タイヤ事業でも製造分野の自動化にいち早く取り組んだ。東京工場の建設に当たってはオートメーション化の技術を積極的に導入した。タイヤの構造的な革新で生まれたのがラジアルタイヤである。ブリヂストンはこの分野でのイノベーションに成功し、技術、品質、コストで業界の優位に立ち世界一の座を獲得した。

正二郎は久留米工場に30年間にわたって設置していた技術製造の試験研究センターを東京工場内に新設の技術センターに移転した。久留米市から技術者280名を異動させるなど徹底したものであった。

タイヤはタイ焼きのように作られていると考えている人が多いが、高級機械式腕時計を作るのと同じくらいの技術が求められる。タイヤは命を乗せている。

第2章　ブリヂストンの創業　国家意識と事業家の心意気

タイヤがなければ走れない

石橋正二郎は足袋の宣伝、販売促進に自動車を活用したが、自動車を見て、乗って、試して、大きな衝撃を受けた。自動車の経済的、社会的価値、その重要性を深く認識もした。国民生活や国防、経済活動のあらゆる分野で自動車が決定的な役割を果たすことを読み取った。昭和の初め、アメリカでは自動車の生産は既に年間500万台に迫る勢いで、タイヤの生産も年間約8000万本に達していた。当時アメリカの保有台数は2300万台、世界全体では3000万台に達していた。日本はどうか。既に紹介した通り桁外れに少ない。トラックや消防車などの特殊車両を含めても8万台にも達していなかった。そして大部分は外国製、いわゆる外車ばかりでフォード社とGM社(ゼネラルモーターース)の2社で乗用車の61%、トラックの88%を占めていたという。今日の日本から見れば本当かと思うような状態だった。

当時は、今日のモータリゼーション、マイカーの普及は思いもよらないことだった。しかし、正二

1928年頃の東京。まだ車は少ない

郎は将来日本でも国産車が作られ５００万台、１０００万台くらい走る時代が来ると自動車の未来を読んでいたのである。この先見性がすごい。平成30年（２０１８）の日本の新車自動車登録台数は約３３０万台、[1]世界的な自動車メーカーが何社もあり、世界各国へ自動車を輸出しその台数は約４３５万台[2]にも上る。

正二郎はどえらいところに目を付けたものである。タイヤがなければ自動車は走れない。人類の発展をもたらした大発明の一つは車輪だといわれる。その車輪を乗り心地よく走れるようにしたのが空気入りのゴムタイヤだ。ゴムタイヤの発明は乗り物革命を促進した。地下足袋の発明、普及が日本に履物革命を引き起こしたように日本に新しい生活文化を生み出したのだ。ゴ

1　一般社団法人日本自動車販売協会連合会統計データから引用
2　一般社団法人日本自動車工業会データベースから引用

ムタイヤは今後不可欠で膨大なタイヤ需要が生まれると直感（当時のアメリカでは天然ゴムの6割が自動車用タイヤに使用されていた）、いずれ国防にも不可欠と読んだに違いない（タイヤがなければ近代戦は戦えないし、物流にタイヤは不可欠である）。

やがてモータリゼーションが起こり年間１０００万本、２０００万本のタイヤ需要は日本にも生じる。国産により安価で高品質のタイヤを供給することは自動車産業のためにも、国民生活のために必要だと、早くも１９２８年頃には考えていたという。

ゴム産業発展の次の大きな一手は自動車タイヤの生産を行うことであり、それがゴム産業を一大成長産業にさせると思い至った正二郎には、実業家としてのロマンが働いたと考えてよい。当時の日本の自動車タイヤは外資にすべて依存していた。最初に国内で自動車タイヤを製造したのは英国ダンロップ社の子会社で大正2年（１９１３）神戸に工場を造った。大正7年（１９１８）東京護謨工業が東京で生産を開始した。しかしごく少量で、大正12年（１９２３）の関東大震災で被害を受けて生産は中断。横浜電線製造会社も、アメリカのグッドリッチ社との合弁会社、横浜護謨製造でタイヤ製造に着手していたが、やはり関東大震災で中断し、本格的生産は昭和5年（１９３０）9月からだった。当時、タイヤはダンロップ社製か、フランスのミシュラン、アメリカのグッドイヤー社、グッドリッチ社の輸入品で非常に高価なものだった。正二郎は重要な自動車タイヤの製造、供給を外国に委

工業報国（正二郎の揮毫）

ねるのは好ましくない、乏しい外貨準備をタイヤに割くよりも、国産化すべきだと考えた。さらにタイヤを輸出し外貨を稼ぎ、少なくとも天然ゴムの輸入代金分は稼ぎ出すのが実業家の責務だと考えた。

ゴム靴と地下足袋のビジネスで巨額の資金を手にした正二郎はタイヤの国産化というロマンの実現に向けて一歩を踏み出す。まだ、日本も世界も経済はどん底で大恐慌のまっただ中にあった。無謀だったが、国家意識と実業家としての心意気、パッションが奮い立たせたのである。

米国オハイオ州のアクロンのメーカーに発注したタイヤの製造機械が到着したのは昭和4年（1929）1月、直ちにタイヤの試作に取り掛かった。翌2月11日、正二郎は兄に代わり日本足袋の社長に就任し、会社幹部の前で挨拶している。意気込みが伝わってくる内容の一部を紹介する。

「現在我が国が消費する年3000万円の自動車タイヤ代はみんな外国人に払っています。将来、5000万円、1億円に達する大量の消費額となるべき自動車タイヤを全部外国人に占められること は国家存立上重大問題と思うのであります。…すでに1年間の研究を重ね、技術的確信を得たので… これは当社の新事業として、またゴム工業者たる当社の使命と考えましてその必成を期しております。私は一家、一会社の問題ではなく、まったく国家のため大いに働く考えで、将来ますます社会に奉仕せんとする理想を有するものであります。私の事業観は単に営利を主眼とする事業は必ず永続性がなく滅亡するものであるが、社会、国家を益する事業は永遠に繁栄すべきこと確信するものであります。私はわが社の創業精神を工業報国とし、この信念のもとにこの使命を果たすことを主義とし、将来あくまで進取的に奮闘するものであります」

返品の山にも負けず

事業化に当たって相談した人は誰も、技術が確立しておらず、そんな生易しいものではないとか、国産化に踏み出せば外国のタイヤメーカーがダンピングを行い押しつぶされる危険がある―とか悲観的で、賛成する人はいなかった。しかし2人の人物が後を押してくれた。その一人が当時の三井の総元締、大番頭団琢磨氏だった。タイヤ事業を始めようと挨拶に行くと「現在は不況でしばらくは続くから新事業には手を出さないように助言しているが、タイヤは将来有望だからよい」と賛成されたという。これが縁となり長い間、三井物産はブリヂストンのタイヤ輸出や原材料の納入にも深く関わったし、団家とは姻戚関係を持つようになった。

もう一人は九州大学応用化学科の君島武男教授である。正二郎は君島博士に技術的な支援を仰いだ。博士はアメリカのアクロン大学に留学しゴム化学の勉強をしており、非常に難しいが協力しようと受けてくれた。今でいう産学連携だが君島教授は100万、200万円の研究資金をかけることを厭わないことが必要だと強調した。100万円といっても当時は巨額であった。正二郎は当時地下足袋や運動靴の事業で挙げていた年間利益に匹敵したと語っているが、この要求を受け入れた。君島教授も巨額の資金があっさり了承されるとは思ってもいなかったので熱意と本気度に応え、総力を挙げて支援した。正二郎も会社の屋台骨を揺るがしかねない巨額の投資をするわけであるから、それこそ後にも引けぬ体制で技師、職員の総力を挙げタイヤ製造の研究、試作に励んだ。自らも研究所で指導激励に当たるなど昼夜兼行で取り組み、昭和5年（1930）4月9日午後4時に試作第一号が誕生した。小型のタイヤだった。

正二郎が並々ならぬ決意で臨んだ自動車タイヤの国産化だったがすぐに製造技術の壁に直面した。技術的苦労には正二郎も大いに悩んだ。当時は輸入タイヤの品質が上と考えられ、国産品に対する評価には厳しいものがあったし、確かに技術的に劣る製品も続出した。故障品に対しては無料で引き換える責任保障体制で販売した。ただ、わずかな問題でも不良品として引き換えを要求したり、わざと空気を抜いてタイヤを傷つけたりするなど、この制度を悪用するケースも続出した。わずか3年の間の生産量44万本に対して返品が3万本にもなり、1000坪ほどのヤードに返品タイヤの山ができるほどだった。しかし正二郎は技術改良、品質向上に努め、返品にも応じ続けたのである。信頼度は高まり、売り上げは徐々に向上するようになった。さらに返品されるタイヤを荷車の車輪に活用する方法を考案

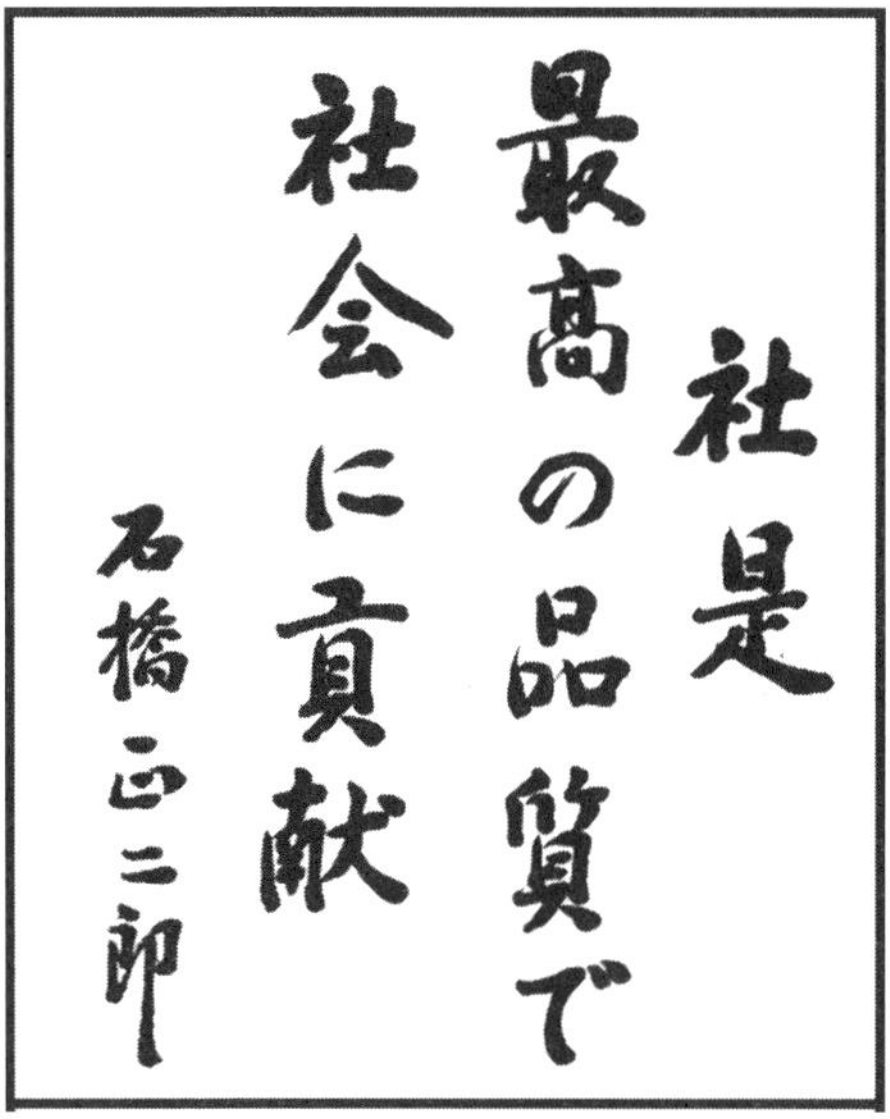

社是制定（1968年）

した。荷車の運搬が楽になり仕事の能率が上がると好評で、新たな市場が生まれた。また再生ゴムにも使用した。今でいうリサイクルである。それでも3年間の損失は100万円以上にもなった。しかし、それでもへこたれなかった。この時の経験、苦労、経営哲学はその後の正二郎の経営政策の基盤になった。品質こそが顧客信頼を獲得する基本だと確信し、品質重視の経営を追求し続けた。後にブリヂストンは全社挙げて世界最高の品質賞であるデミング賞の獲得に取り組むこととなり、その時に「最高の品質で社会に貢献」という社是が生まれた。

技術改良、品質改善に難渋する正二郎を取り巻くビジネス環境に、少しずつ良い風も吹き始めた。1932年には商工省より優良国産品として認定を受け、米国フォード本社の試験に合格し、日本フォード自動車の納入適格品として認定され、また日本ゼネラルモータース（GM）社にも採用されることが可能になった。その頃自動車の国産化が計画されており、国産タイヤの需要にも拍車がかかった。昭和7年（1932）の日本の自動車台数はトラック3万台、バス1万台、タクシー4万台、自家用車2万台、合計10万台で今日の普及状況に及ぶべくもないが、それでも正二郎が最初に自動車に接した頃に比べれば見違えるほどで、タイヤ需要も急増した。

商標名、ブランドを最初からブリヂストンと英語表記したのはタイヤ材料の天然ゴムの輸入代金を

ヒルシュベルゲル技師（左）と石橋正二郎（中央）ヒーリング商会ストロール氏（右）

輸出によって稼ぎ出すことが正二郎の念頭にあったことは既に述べた。タイヤの製造に着手すると同時に輸出市場の開拓に乗り出した。輸出業務の大半は三井物産と連携して行われ昭和7年（1932）12月には東南アジア、ニュージーランド、インドに向けて市場調査員が出発している。昭和7年（1932）には4万本、翌年には10万本を輸出するに至った。国際的な取引にはグッドイヤー社の極東代表者であったモーティマー・C・クック氏を嘱託として採用し、日本フォード社や日本ゼネラルモータース社への新車用タイヤの売り込みに当たらせ成功した。正二郎はドイツ人技師ヒルシュベルゲルのケースにも見られるように外国人の活用をいとわなかった。英語はできなかったが外国人を避けることはなく、むしろ積極的に交流し、新知識、国際的な動向を得ようと、交際範囲を広めることに積極的だった。ブリヂストンが第二次世界大戦後、いち早く国際市場へ進出し、また国際活動を行いグローバル企業としての地位を確立した源流は創業期まで遡る。

一寸脱線

共産主義国家の終焉を予言

平成元年（1989）ベルリンの壁が崩壊し、翌年東西ドイツの統合が実現し、平成3年（1991）ソビエト連邦が崩壊した。大正6年（1917）11月のロシア革命で誕生した共産主義国家は姿を消した。共産主義の政治、思想については長い間論争があり、共産主義に疑念を抱く人もいた。石橋正二郎は「私の歩み」（1962年）の中で既にこの共産主義国家の崩壊を予言していた。多くのマルクス主義経済学者や左翼政治家は共産主義国家の繁栄と賛美こそ口にしていたが、その崩壊を予言する者はいなかった。正二郎の予言は注目に値する。

まず資本主義の未来について。「今日の資本主義はマルクス時代のそれと異なって、労働者や消費者を搾取して経営者、投資家だけで利潤を独占するものではなく民主的自由主義によって運営され、生産性が高く、自然に進歩してゆくもので、良い社会政策を積極的に取り入れ、より近代化すれば、より優れた経済体制となり、人類の幸福を増進し発展するものと思う」

共産主義の未来について。「今日の共産主義国では、国民は権力政治に束縛されて人権は尊重されず、人間的愛情による温かい幸福はない。しかし民度の低い後進開発の時代では、このような政治も一応は成り立つ手段と思われるが、世界は絶えず進歩しているから、民度の向上とともに生産性を高めるため民主的となり、自由主義が取り入れられて共産主義は衰え、結局資本主義に一歩ずつ歩み寄ると思う」

農業の改革について。今日、日本の農業の国際化は輸出入を含めてどんどん拡大している。正二郎は「明治以来近代工業を導入し、新しい産業を進めてきた。産業構造的にはすでに農業国ではない。国民一人当たりの耕地面積で見ると日本はアメリカの50分の

1、フランスの8分の1に過ぎない。民法の改正により、狭隘な農耕地はさらに細分化される傾向にある。我が国は立地的には不利であるから、農業政策を改め農産物はできるだけ安価な国から輸入することとし、我が国からは工業品を輸出することとし、そのために一層高度の工業化政策を推進して国民の生活水準を上げるべきである」

戦時中でも変わらない誠実な国際信用

石橋正二郎は中国や朝鮮に工場進出するなど海外投資、製品輸出も活発に行った。戦争による航空機やトラックなどタイヤ軍需に応じて生産を増強した。いわゆる多角化経営でゴムを使用する部品（高圧ホース、防振ゴム、Ｖベルト、蓄電池ケース等）にも進出し事業の拡大を図った。

太平洋戦争中は日本軍が接収したグッドイヤータイヤのジャワ工場の運営を委託され、敗戦でジャワ工場の運営を解かれ引き揚げという事態に遭遇した。しかし、この時の対応がその後のブリヂストンを世界企業に発展させる国際信用につながるとは誰も考えていなかった。グッドイヤー社のジャワ工場は昭和10年（１９３５）に設立されたもので、ブリヂストンが昭和17年（１９４２）の4月に接収した軍から委託を受け、損傷した生産設備を修復し、終戦時まで8時間3交代制で操業した。正二郎は工場に派遣する社員に「もし戦争が不首尾に終わり引き揚げるような場合、軍は勢いに乗じてどんな命令を下すか分からぬが、工場設備を破壊することなく完全な姿で返すこと」とひそかに指示を出していた。社員は指示を守り、工場を破壊することなく、きちんと整備し、すぐにでもグッドイヤー社が操業できる状態にして引き揚げた。

グッドイヤー社は再び操業をすることになって驚く。戦後の日本の産業界を視察に訪れたグッドイヤー社の最高責任者リッチフィールドは正二郎に「ジャワ工場をもとより立派にして返してくれた」と感謝の意を述べた。これを契機に両者の間に技術、生産の提携が結ばれることになる。ブリヂストンが米国に進出し、ファイアストン社を買収するまでの歴史はグッドイヤーとの関係なくして語られない。ジャワ工場の委託運営に関わる話は後々まで米ビジネス界で逸話となり、国際社会でのブリヂストンの信頼の基盤となった。戦後、ビジネス上でどれだけ大きな資産となったことだろう。

ゴム合成技術への挑戦

戦前の日本のゴム産業が使用した原料は天然ゴムであり、輸入に頼らざるを得なかった。これは欧米のゴム産業も同じで、原料獲得には悩まされた。正二郎がビジネスの国際展開を図り、製品輸出に力を入れたのもこの天然ゴムの輸入代金を稼ぐことにあった。天然ゴムに代わる合成ゴムを生産することは産業界にとっても国家にとっても課題であった。合成ゴムの製造に必要なものは石油だが、日本ではその生産はほとんど皆無であった。当時石炭から石油を合成することが可能となり、この合成石油からゴムができないか研究されていた。正二郎は合成ゴムに従来から深い関心があり、アメリカで開発に成功したことを耳にして、昭和11年（１９３６）にはブリヂストン横浜工場に研究所をつくり専門家を集めて、クロロプレン系合成ゴムの研究に着手した。生産に必要な情報は限られていたが、初歩的なパイロットプラントの設置に成功し、日産1・5トンのクロロプレンゴムの製造ができるようになっていた。

正二郎は昭和14年（1939）、当時の満州国総務庁の星野直樹長官と岸信介次長の懇望を受け、満州合成ゴム工業株式会社の設立に動く。ようやく試験生産の段階に至って敗戦となり計画は挫折した。それでも正二郎は合成ゴムの研究、開発を諦めなかった。戦後、会社が回復軌道に乗り一服すると、人材を再び集め京都大学の古川淳二教授を顧問として研究を行った。タイヤの研究開発で九州大学の君島武男教授から研究開発の手助けを受けた時と同じように、大学との産学連携が行われた。昭和31年（1956）には合成ゴム研究所を再開しシス・ポリブタジエンゴムの研究開発に着手し、これが大成功を収めた。このシス・ポリブタジエンゴムの発明・開発で米国、カナダ、欧州各国で特許を取得し、グッドイヤー社などとも特許使用の許諾契約を結び、合成ゴムの分野でもブリヂストンは一躍注目された。日本政府はこの研究開発に対し科学技術庁長官賞を贈った。

戦後、合成ゴムの製造が急務と考えられ、国は特別法を作り国策事業として昭和32年（1957）に日本合成ゴム株式会社（現ＪＳＲ株式会社）を設立した。ブリヂストンにも12％の出資を求め正二郎に経営を委ねた。同社の誕生は、日本のゴム産業の戦後の発展に大きく寄与した。合成ゴムの輸出も行われ、正二郎の外貨節約、外貨獲得の考えにも沿う形となった。日本合成ゴムは現在、合成ゴムの生産を中心とする世界有数の化学会社になっている。同社がシス・ポリブタジエンゴムの生産を行うことになり、ブリヂストンの研究設備と関係技術者、研究者を生産のために集中させた。正二郎の使命感、国家意識に支えられた合成ゴムの開発と事業化の夢はかくして実を結んだ。

正二郎の念頭には「産業、国策を可能ならしめるのは政府でもなく、法律家でもなく、企業家と労働者の心がけと決心、実行によるものである」という考え方が常にあった。事業家の精神、気概まさにここにありである。

いつかは去る幸運の女神

事業家は幸運であることが大事なのかもしれない。運の良い、つきの良い人を経営者に選ぶことが大切だともいわれるが、第二次世界大戦中、正二郎には幸運の女神がほほ笑んでいたのかもしれない。あの米軍の大空襲でもブリヂストンの主力工場、久留米工場も横浜工場もほとんど被害を受けなかったのである。東京の住居も被災しなかった。ただ東京の京橋本社は焼失し、海外に建設した工場もすべて失った。損害は巨額なものだったが、戦後復興にかける情熱とそのスピード、リーダーシップには目を見張るものがあった。8月15日の玉音放送から3日後には東京本社に出社し、矢継ぎ早の復興対策を指示。そこにも国家意識が強く働いていた。神戸のダンロップ社や横浜ゴムの工場は焼失し、タイヤを供給できるのはブリヂストンの久留米工場のみだった。戦後の日常生活必需品の入手には当然物流がものをいう。物流を担うトラックやバスを動かすのに必要なのはタイヤだ。物流が滞れば国民生活は困窮してしまうと、国内にあった天然ゴムをかき集め総力を挙げて生産を再開した。

終戦時（1945年8月）の久留米工場。写真下の丸屋根の試験室こそ空襲で全壊したが、工場は被災を免れた

戦争では様々な局面に向き合い、悲惨な姿を見て体験した正二郎は、『私の歩み』の中で興味深いことを記している。「終戦後は進駐軍の政策で新憲法が制定され文化国家として再建するために戦争の放棄、封建制度、華族制度の廃止、言論の自由、財閥解体、農地改革、婦人参政権など自由主義の国

家となった……敗戦がなかったらば軍閥の跋扈《ばっこ》はますます激しく、国民はその重圧に耐えられなかったかもしれない。米国の占領政策はこれに反し人道主義に立脚し、天皇制を認め、日本の復興を援助するなど、決して報復的でなかった。……蒋介石総統は…暴に報いるに徳をもってしたことにはまことに感謝しなければならない」と連合国側の日本に対する戦後処理の仕方を評価している。そして復興を遂げた日本の姿に「国民の心がけ一つで災い転じて福となした」とも述べている。

ただ、幸運の女神は何度もほほ笑んではくれない。多くの苦難も待ち受けていた。すべてうまくいったわけではないのだ。第一の苦難、試練は労働争議だった。今までなかった組合運動が久留米の主力工場で起きた。当時結成された労働組合は賃金2倍、人事異動に組合の承認を求めるという要求書を突き付けてきた。正二郎は賃金2倍の方はその場で承認したが人事異動に関する組合の要求は断固として拒否し、妥協案が成立するまで、紛争は40日にも及んだ。ただ、それ以来ブリヂストンには労働争議は一度も発生していない。それは、その時に表明した会社の繁栄と従業員の幸福は一致するとした経営哲学がブリヂストンの人事管理、労務管理の根底にいつもあったからだろう。人事管理革命を考えた志まや足袋時代の経営観が源流にあるといってよい。ストライキ終結で発したメッセージを見ると、国家意識、国民の生活向上への意識が強く働いていることが分かる。「日本は戦争の消耗と破壊で、経済全体が危機に立って国民全体が苦しんでいる…物価を下げるように生産するのが今日最大の急務です…国内産業が平和と復興の機運を大いにみなぎらせて日本の信用を高め…我々はこの深刻な時局を深く認識し、敬愛の念と信条の念を新たにし、固く手を握り合って…国家再建に寄与するとともに労使共存共栄の道を開かんとすることを熱望してやまない次第である」。実業家が発した言葉とは思えない。

第二の苦難は、昭和25年（1950）6月に勃発した朝鮮戦争によるゴムの高騰と暴落である。戦争は天然ゴムの不足を招き、大手ゴム会社は大量購入に動くが、戦争の終息で一転価格が急落し、在庫処理のために各社は資金繰りに窮してしまう。手持ち在庫ゴムの極端な値下がりと、タイヤ価格の急落で、販売不振に陥ったブリヂストンも昭和26年（1951）末には極度の資金難に直面した。給与、賞与の分割払いまで行うような事態も発生した。伝聞ではあるが、自転車タイヤやチューブを現物支給し給与の一部を賄った時もあったという。これを教訓にブリヂストンは天然ゴムや資材の購買には極めて慎重な姿勢を取るようになる。堅実経営を経営の柱の一つとすることを再確認することにもなった。

正二郎に学ぶ　経営学からの考察

【自動車から未来読み取る。洞察力の重要性】　街を走る自動車を見て未来の成長産業の将来を正二郎は読み取った。ゴム産業の市場を考えゴム産業の育成を考える視点は、国家的な視点であり大きなビジネスを起業する実業家にとって重要である。地下足袋・ゴム靴をわらじにとって代わる大衆履物として創造した。新たな文化の提案は需要創造の原点であり、未来の創造につながっていく。

ソニーの創業者井深大、盛田昭夫両氏はウォークマンを市場に送り出し、歩きながら音楽を聴く新文化を創造し、新しいエンターテインメント産業を創造した。電気釜の発明は食文化を大きく変えた。任天堂のゲーム機は新コンピューター文化とその市場を創造した。次の時代の生活文化はどのようなものか。正二郎はいつも新文化、新市場の創造が念頭にあった。読み取る力、それが洞察力。

【国家意識　使命感　国際的信頼】　国民生活、産業のために不可欠なものを国産化しなければならないという使命感のベースにはいつも国家意識というか、政治家的な発想が働いていた。グローバル化時代にこのような国家意識、使命感はより高い次元のものに変容することが求められている。

これからの実業家の志は国のためより人類のため、地域社会のためといった具合に変容しなければならないだろう。正二郎の手掛けた自動車タイヤや合成ゴムの生産は、人類の生活水準の向上に貢献している。それができれば市場は広がる。グローバル化時代に国際市場に進出を図る企業はこのような視点を持っていることが重要であろう。

【本気度と投資】　正二郎がタイヤ製造の技術開発に九州大学の君島武男教授に支援を依頼したとき、100万円、200万円の投資をする覚悟があるかと問われた。正二郎はそれに応じ、覚悟と本気度を示した。君島教授は正二郎の覚悟と熱意に驚かされたという。事業開発、新製品開発には吟味の上、慎重な判断、行動が必要だ。安く済めばよいというものでもなく、「安物買いの銭失い」のリスクが潜在している。ビジネスで成功するには何をしたいのか具体的な目標設定と本気度、それなりの投資の覚悟が必要となる。

合成ゴムの開発には京都大学の古川淳二教授の支援を受けた。正二郎は最高頭脳を活用した。今でいう産学連携で事業開発を手掛けたのだが、本田宗一郎氏も自動車の技術開発に静岡大学工学部の支援を受けた。世界で最初にテレビで文字映像を送ることに成功したのは静岡大学工学部（当時、浜松高等工業学校）だった。静岡県の浜松地区の企業には静岡大学工学部と密接な連携をして発展した事例が多いといわれている。

【経営の本質　本業と堅実経営】経営とは投機でもうけることではない。社会貢献が基本。本筋から離れ投機でもうけることは間違いと正二郎が口にするのを筆者はよく耳にした。正二郎は堅実経営を旨とした。

一寸脱線

グッドイヤー社との長い親密な関係

正二郎はグッドイヤー社との関係を常に重視していた。そして恩義を感じ良好な関係維持に気を使った。関係は特別なものだった。グッドイヤー社のリッチフィールド社長と出会い、尊敬の念とお互いの信頼感は、戦後からブリヂストンがファイアストン社を買収するまでの長い間、正二郎亡き後も維持された。両社間の技術援助、委託生産の提携関係は、ブリヂストンの戦後の大発展のベースともなった。リッチフィールド社長から招待された正二郎は、アメリカのグッドイヤー社を訪問した。当時、ブリヂストンのタイヤ技術は世界と比べ20年遅れと評価されていた。技術、生産を通じ両社が提携することは極めて重要と判断していたが、グッドイヤーは25％の株式取得を条件に求めてきた。正二郎は日本の経済はまだ不安定で、当社にはその用意がないと断り交渉は難航した。最終的に資本関係に踏み込むことなく妥結した。正二郎、リッチフィールドという二人の傑出した実業家の相抱いた尊敬の念、信頼感があったからではないか。ビジネスの世界でも良好な関係維持にはお金以外の何ものかが必要なようだ。

正二郎は尊敬する人物としても『私の歩み』の中でリッチフィールド氏を挙げている。当時のアメリカの代表的な実業家の一人で、入社時に従業員176名に過ぎなかったが、グッドイヤーを58年間に従業員10万人余の世界一のタイヤメーカーに発展させた。合成ゴムの生産、飛行機製造も行い事業は多角化し、国内、海外に多数の工場を有し、ゴム園も多数経営するなど、その事業の成長発展ぶりは財界の注目するところだった。正二郎は『私の歩み』の中で、リッチフィールド氏についてこう述べている。「14歳も年上で長い経験と非凡の卓見を持たれて…たくましい起業精神に燃え、スケールが大きく、卓越せる識見と強い統率力を有し、謹厳で酒タバコを用いず、寡言謙虚で責任感が強く、行動的であった。人に対し親切、寛容で包容力が大きいためグッドイヤー・コンツェルン66の子会社を有する世界一のゴム会社に築きあげた…」。二人には相通ずる実業家精神、事業家の哲学があったことが読み取れる。正二郎はアメリカのアリゾナ州にあるリッチフィールドパーク（14平方キロメートル）に招待されたことがある。これは1918年にグッドイヤー社が購入したもので、リッチフィールド自身の構想でできた理想的な厚生施設だという。すばらしい公園の中にホテルがありプールがあり、庭園の周囲は農場となっていた。ここでの印象はどうやら正二郎の抱くものと大きく共感するものがあったようだ。

昭和37年（1962）、73歳の時に訪米した折も正二郎はリッチフィールド氏の墓前に花束をささげて敬意を表している。

第3章　郷土愛　文化都市構想　―寄付した学校プールは21―

寄付に込めた高い理想

石橋正二郎が誕生し、創業の地でもある福岡県久留米市はタイヤ、ゴム産業の城下町と呼ばれている。ブリヂストンの城下町と呼ぶ人もいるくらいだ。町を歩くとなぜそう言われるのかわかる気がする。正二郎は郷土愛の誠に強い人だった。

自分の生まれ故郷、学んだ土地、住んだ土地には誰もが愛郷心を抱くだろう。正二郎の久留米市に対する思いも人一倍だった。昭和31年（1956）の「楽しい文化都市を願う」と題した話にその原点が見える。ふるさと創生を目指す動きが近年盛んだが、それには正二郎のような郷土愛の哲学と実行力が求められているのだろう。どんなことを言ったのか。その一部を紹介する。

「久留米は交通機関さえ発達すれば九州の中央に位置し地理には恵まれている。然し港湾と離れているから工業上の立地条件としては特徴がない。また市民の気風が地味で進歩発展が遅く、終戦後、特に最近では他の都市に遥かに立ち遅れているのは残念である。私は愛郷心とともに、私の工場を永久に発展させたいという念願がある、したがって会社ばかり繁栄しても調和がとれないから、何とかして立派な久留米にしたい。他の都市と競争して必ずしも人口の多い大都市となるのを希望するものではないが、清潔で整然とした秩序を保ち、教養の高い、ゆたかで住みよい、楽しい文化都市にしたいと願うものである」

郷土愛に根差す正二郎の取り組みには、「日本の将来の運命は教育の振興如何にかかるといえる」との言葉に象徴される教育観と、行動哲学「世の人々の楽しみと幸福の為に」が深く反映されていた。

正二郎が久留米市に巨額の寄付をし続けたのは大金持ちだからではなく、哲学、信念、理想、自分が描いた都市観に基づいて、理想の実現を目指したかったからだ。その中身を見るとまさに〝半端〟ではない。そしてこんな人がいたのかと思わせるくらい、常に陰徳を旨としていた。いちいち書き出すと、何か寄付リスト集でも作っているようで正二郎の本意を傷つけ、叱られるかもしれないが、その一部を紹介する。

① **久留米大学**　昭和3年（1928）、九州医学専門学校（現久留米大学）の創立に当たり、敷地1万坪と校舎を寄付した。付属病院の建設にも資金を提供。正二郎が39歳の時のことである。昭和6年（1931）に現在のブリヂストンを創立したが、その前の日本ゴムの経営者の時代で地下足袋やゴム靴を製造していた頃にこの寄付を行っている。久留米大学にはその後商学部、附設高校、大学体

育館、医学部図書館などの建設資金も提供し総合大学としての発展に大きく寄与した。また研究費も毎年のように支援し、多いときには年間５０００万円にも上った。

②　**石橋文化センター**　昭和31年（１９５６）ブリヂストンの創立25周年記念の事業として石橋文化センターが久留米市に寄付された。文化センターの建物の石壁に正二郎の思いが掲げられている。「世の人々の楽しみと幸福の為に」。これが正二郎の経営の基本理念であり久留米市に寄付を続けた愛郷精神の哲学の柱であった。創業当初のセンターは敷地５万平方メートル、寄付した当初はその中に石橋美術館（現久留米市美術館）、体育館、50ｍプール、文化会館、野外音楽場、グラウンド、遊園地、憩いの森などが作られた。後に文化会館と文化ホールの総改築を行ったがその費用も寄付。日本庭園も贈った。この文化センターは正二郎が欧米視察の際、目にし感銘を受けた中小都市の美しい文化的施設がヒントの産物だった。

③　**久留米市の中小学校に水泳プール**　その数は何と21。久留米市近くを流れる筑後川は子供たちにとって格好の水泳場であったが、寄生虫などが見つかり水泳が禁止になった。市は予算不足でプールが造れない。そこで、ブリヂストンが寄付している。これが実ったのか、同市からは多くのスイミング選手を輩出している。

④　**教育クラブ**　「真に穏健な教育実現のためには世を憂えるものが集まり隔意なく静かに研究懇談

して、慎重な判断をなし、結束して強力に実行に移すことが肝要である。それには教育クラブのようなものが必要であるという結論に達した」と、正二郎は昭和30年（1955）に私邸を改造し、講堂も新築の上、教育クラブとして寄付した。久留米児童相談所の用地も寄付によるものである。

⑤ **久留米市内の学校**　久留米高等工業学校、久留米商業高等学校、久留米荘島小学校などにも土地や建物、武道場、講堂などを寄付している。注目すべくは当時戦争で夫を失った母親のために母子寮を建設するとともに、久留米養老院のために講堂、娯楽室、食堂などを寄付していることだ。また今でいう特別支援学校の久留米ゆうかり学園には建物を贈っている。

⑥ **吹奏楽団とゴルフ場**　「世の人々の楽しみと幸福の為に」を具現化したものだろう。正二郎がオランダを訪問した時のことだ。飛行場で大勢の子供が赤い帽子をかぶり真っ赤な洋服を着て、全員が手に笛を持ったり、小太鼓を持ってにぎやかにしている。そこへ飛行機からオランダの女王陛下が下りてきた。子供たちの鼓笛隊は先生の指揮で一斉に演奏を始めた。女王も周囲も皆ニコニコ。正二郎はこの光景に強く心打たれた。久留米の子供もこのように健やかに育ってほしいと願い、昭和33年（1958）3月に市内18校に鼓笛隊の楽器一式を贈った。水泳とともに音楽で子供たちが温かな心の人間に育ってほしいとの思いだった。これが契機になって久留米は吹奏楽のまちになり吹奏楽バンドの数は30以上ともいわれている。

⑦ **ブリヂストンカンツリー倶楽部**　正二郎がゴルフに興味を抱いたのは27歳の時だった。ブリヂストンがゴルフボールの生産を始めたのは昭和10年（１９３５）。戦後、楽しみの乏しい時代にもゴルフは健康にも良いと奨励し、昭和32年（１９５７）ブリヂストンカンツリー倶楽部を建設し、市民が楽しめるようにした。戦後、筑後川の河川敷を利用したスポーツセンターも寄付したが、そこにはゴルフボールのテストをするために生まれた９ホールのゴルフコースもある。久留米の魅力は身近なところで格安でゴルフができることだと言う人もいるそうである。

⑧ **芸術文化**　正二郎が掘り出し支援した久留米の画家、青木繁。美術の授業でも紹介される日本の代表的な洋画家である。高等小学校で図画の教師だった坂本繁二郎から、青木繁の面倒を見てほしいと頼まれた。「青木繁は郷土の生んだ天才画家で幾多の名作を残しているから、これを買い集め美術館を建ててもらいたい」。そう語る坂本に応えて正二郎は40歳ごろから青木繁の作品を数十点買い集めている。ブリヂストン美術館の目玉の一つにもなっている。正二郎は郷里の芸術家に対する支援を惜しまなかった。芸術文化のパトロンだったのである。

⑨ **その他**　正二郎の久留米愛はどこまでと思わせるものはまだまだある。

列挙すると、久留米市長公舎（ブリヂストン25周年記念行事の一つとして寄付）▽ブリヂストン通り（1200メートルの道路を昭和30年（1950）に寄付）▽久留米有馬記念館を新築寄付（郷土史資料の陳列保存室と休憩所、東郷平八郎元帥の旧書斎で千松庵と名付けた茶室を昭和35年に寄付）▽梅林寺、水天宮の保全への寄付。

起業の地への思い

正二郎は「自分はゴム事業、タイヤ事業で久留米市民には世話になった」といつも語り、久留米に対する愛情、関心を寄せ、さまざまな寄付だけでなく実際の行動で示していた。自分の企業が市民に愛され、サポートされるように日頃細かいことにまで意を注いだ。筆者が忘れられないのは「地元に愛されないで国際企業にはなれない」という言葉だ。正二郎は東京に本社を置き、各地に工場を造った。東京には居を構えた。しかし心は生まれ育ち、起業した久留米の地にあったのだろう。それは次のようなことにも表れていた。

① 主力工場を長く久留米市に置いた。本社を東京に移した後も久留米には常務クラスの役員を常駐させ地域社会との連携を図った。税金も長い間、福岡税務署で申告していた。

② 筆者の記憶では正二郎はブリヂストン本社には寄付委員会のような組織を置き、久留米に対する必要な援助を検討させ、フォローには特に気を使っていた。支援の要請があると内容を検討させ、市の発展のことを常に念頭に置いていた。

③ 外国からの訪問者、視察者を久留米に招き、創業の久留米工場や市民の生活、文化活動、働きぶりなどを案内することに努めた。友好関係にあったグッドイヤー社のリッチフィールド会長も来訪しブリヂストン社員の勤勉ぶりに深く印象付けられたという。多くの皇族方も色々な縁で久留米訪問をされており、正二郎はその都度、自ら案内した。

④ 昭和31年（１９５６）には石橋財団を創立した。財団はブリヂストン美術館の運営に当たることが主目的のように受け止められるが、正二郎は財団の主な事業として久留米市の石橋文化センターの運営、久留米大学の設備、研究助成や久留米教育クラブ、教育会館の運営助成などを挙げている。財団の寄付の多くが久留米での活動を意識したものだった。

正二郎に学ぶ　経営学からの考察

【街・人・仕事そして寄付】

①　地域の発展には地域愛の強い人材が必要となる。街は人がつくる。地方創生、地域の活性化が叫ばれているが、地方の創生には愛郷心の強いリーダーの存在が不可欠だろう。ビジネスとして成長性、発展性のあるものが必要だ。所得が高くて、働きがいのある雇用を創出できる企業の存在も求められる。

②　寄付文化の育成が必要だ。日本には寄付しにくい風土がある。売名行為だとか、いい格好をしたがる、そんな声がすぐ上がる。正二郎は陰徳を旨とし、寄付したことを自慢しなかった。寄付が巨額で、もっともな目的と理由を持って寄付したから、社会はアレルギー反応を起こさなかったのかもしれない。正二郎の寄付には経営者としての使命感、哲学があった。人はなぜ働くのか、なぜ利益を上げるのか、巨大な資産をつくるのかを常に自問し、世の人々の楽しみと幸福のために働くと思い定めていたのだ。できる限りこうした理念を久留米の地でまず実現しようとしたのである。

企業メセナという概念は、1990年代に日本の企業の間で広がった。企業が文化の発展に利益の中から一定の割合で支出し貢献しようという動きである。正二郎の取り組みはまさにメセナそのものであった。自分の哲学、意志で実行したところがすごい。

またCSR、企業の社会的責任も重視されるようになった。企業社会は利益追求にのみ走りがちだが、企業には倫理的観点から社会の発展に貢献する責任があるとする考え方である。正二郎は誰に聞くこともなく、以前からCSRを自分なりに構築し、実践してきたと言えよう。

制度化された「ふるさと納税」は寄付文化の影が薄い日本における一つのアプローチとなるかもしれない。色々な手法で寄付を募る動きも始まっている。NPO法人の活用、インターネットを利用したクラウドファンディングなどである。

正二郎に限らず陰徳を旨とし、社会貢献した篤志家が国内にも大勢いる。私立大学、高校、中学、病院、美術館、博物館など多くの教育、公共機関には篤志家がつくったものが多い。お金を出す代わりにボランティア活動に従事する人もいる。街の美化や福祉に尽くすボランティアや非営利組織NPOの活動も活発になっている。売り上げの一部を寄付する仕組みを作っている会社もある。真心のこもった寄付、社会貢献といった文化はこれからの社会ではますます重要になるだろう。企業にも利益のどの程度を何のために寄付するか、事業計画に組み込む経営が期待されている。

地元に愛される企業の意味が国際化時代においても問われている。地元に愛されるとはどういうことか。その地域の文化、歴史を尊重し、地域の生活に貢献する、地元意識の高い経営を実践することだ。外国で企業活動をする場合、地元の文化、生活、経済などの発展に貢献できない企業は支持を失い、軋轢に苦しみ事業はうまくいかない。地元に愛されるような企業は既にそのことを体得しているので、海外進出しても地域社会に受け入れられやすく、紛争に巻き込まれる危険を回避することができる。

企業が地元に愛されなくなるとビジネス活動が停滞し、経営基盤は脆弱になり、グローバルな活動どころではなくなる。本拠がまずしっかりしていなくてはだめなのだ。ブリヂストンの事業は売上高年間3・7兆円（2018年）海外81％、国内19％で海外の方が圧倒的に大きい。それでも地元企業であることの重要性は変わらない。

第4章　お金は稼ぐより使うのが難しい

ロックフェラーとの対談

石橋正二郎はアメリカの大富豪ロックフェラー家と親交があった。ロックフェラー一族は巨額の富を築きあげ、その名前を冠した建物が世界中にある。国連ビルの建つ場所も、ニューヨークの近代美術館も同家の寄付である。ジョン・D・ロックフェラー3世と何回も会って話をしている正二郎は、ロックフェラーの生活が質素なのに深い感銘を受けた。世界中で巨額の寄付をしている人が「自分の車にはエアコンが付いていていない」と話すのにびっくりしたと述べている。その正二郎も生活や身の回りの物は質素で、靴下やステテコに穴があったなど色々と逸話がある。

筆者はこのロックフェラーと正二郎との対談に同席したことがあるが、その時の会話で忘れられないのが「お金を稼ぐより使うのが難しい」というくだり。同様のことは正二郎から以前も聞いていたが、図らずも、二人のお金持ちを前に再確認したわけである。筆者などいくらでもお金は使えますよと言いたいところだが、お金は稼いだら有意義に使えということだろう。有意義とは二人の場合、人類のため、世の中のため、芸術文化のため、平和のため、国家のためという理念、目標が根底にあって、これを基本にお金を活用するということのようだ。対談ではその選び方、決め方、お金の運営組織などが話題になり、寄付する側にも色々と思慮、配慮がなされているのだと痛感した。正二郎はロックフェラーの創立者ジョン・D・ロックフェラー・Jrがロックフェラーセンターの記念碑に残した「私は真理と正義が社会秩序の基盤であると信ずる。私は愛が世上最大のもので、愛のみが憎しみを避けること、また正義の力に勝ちうるし、また勝つであろうと信ずる」という言葉に深く感銘したという。共鳴するところが大だったに違いない。

文化国家には美術館を

正二郎は故郷久留米を離れても多くの社会貢献を行っている。何といってもブリヂストン美術館（現アーティゾン美術館）が第一に挙げられる。開館したのは昭和27年（1952）。上野に国立近代美術館ができる7年も前のことで、美術に対する並々ならぬ思いが分かる。それに先立って正二郎は昭和25年（1950）にアメリカを旅行した際に全米各地の著名な美術館を多数見て回った。当時の旅行記に目を通すと、主要都市を巡り仕事の合間を縫って美術館を訪れているのが分かる。趣味は美術と建築だと語り、感激に満ちた記述であふれている。この旅が文化向上のために美術館がいかに重要であるかを強く意識させ、本格的な美術館建設に駆り立てたのだろう。

昭和28年（１９５３）アメリカを訪れた際も同様の体験をしたようだ。旅行中に各地の美術館を巡り、美術館がその土地の誇りであり、最も重要な存在になっているのに気が付いたという。日本が文化国家になるためには美術館を建てる必要がある、優れた美術品は個人が秘蔵して楽しむものではない、人々が名画に直接触れ楽しむようにするのが本筋だという思いが募る。そしてブリヂストン本社ビルの新築に当たって、一般の人が気軽に美術を鑑賞できるよう、ビル２階に美術館を創設することになった。東京駅の八重洲口からほんの数分の場所に位置し、まさに都心に位置する美術館となった。

世界的な名画が集められているから日本人だけなく各国から鑑賞にやってくる。いつの間にか美術館は国際交流の場として発展していった。外国の著名人、政治家、有名ビジネスマンも訪れる。ジャーナリスト、著述家、画家、音楽家、学者など美術好きの文化人もやってくる。多くの人がブリヂストン美術館の展示品に感激、これが正二郎の国際交流を豊かにする場ともなった。美術館を見てブリヂストンの名前の由来を知れば、どんな人物が開設したのか、その意図や名画を集めたいきさつ、その美意識にも関心が向く。そうして、多くの人が正二郎の教養、人柄に深く印象付けられた。石橋はただのタイヤ屋ではない、聞いたこともない人だが会ってみたいと面会を申し込まれたり、お付き合いをお願いされたりすることがしばしば。その中にロックフェラーのような財界人、フランスの文化大臣アンドレ・マルロー氏のような文化人もいて、筆者も驚いた。正二郎はブリヂストン美術館の画集を制作し、自ら署名した画集を訪日中の財界人や文化人に届けるなどして交流の輪を広げた。期せずして美術館によって自分の存在、哲学を国際的に認識させ、世界の信頼感、尊敬を集めたということになる。一時、日本人はエコノミック・アニマルと呼ばれることがあったが、ブリヂストン美術館を訪れた外国人はその認識を改めたに違いない。正二郎は美術品を通じて喜びと感激で世界を結び、まさにお金を有意義に使った。

正二郎のコレクションに深く感動した一人がフランスのパリ国立近代美術館のベルナール・ドリヴァル氏で、ブリヂストン美術館の所蔵品を高く評価した。前述のアンドレ・マルロー氏もフランス印象派の美術館としては世界有数と折り紙を付けた。それがきっかけとなり、石橋コレクションを「里帰りパリ展」と称してパリ国立近代美術館で2カ月にわたり展示。正二郎も開会式に出席し、日本政府から文化大臣、外務大臣にあてた親書を外務省で手交するなどして日仏親善に大きな役割を果たした。

美術による国際貢献はこれだけではない。イタリアのベネチア・ビエンナーレ展では日本パビリオンを寄贈している。予算上の問題で日本パビリオン建設支援が停滞していたときに政府からの要請で寄付を行い、昭和31年（１９５６）完成をみる。この年、世界的な版画家棟方志功がベネチア・ビエンナーレでグランプリを受賞したと、正二郎は「私の歩み」に特記している。また、ベネチア・ビエンナーレ展は国際美術の王座で世界20カ国が自国の文化の宣伝をしているとも記した。パビリオン寄付にも正二郎の国家意識が働いたに違いない。

「よーござんす」の正二郎の一言で誕生したものの、ほとんどの人が知られていないのが東京国立近代美術館である。そこにも国家意識と陰徳があったのだ。昭和41年（１９６６）に東京国立近代美術館の建設が決定されたが予算が問題となった。筆者の記憶では時の大蔵大臣佐藤栄作氏が直接援助を要請、正二郎は即座に引き受け、個人の記念事業として、美術館を新築寄付したのである。

佐藤栄作氏は美術館の竣工寄贈式に出席し、謝辞を述べている。工費は12億５０００万円。ある時買い物にご一緒した折、「ちょっと金がないから貸してくれ、美術館を建てるので現金がなくなってな」と冗談を言われたのを思い出す。

正二郎は、国際的な様々な支援活動にも参画している。ロックフェラー氏との会談では、正二郎のニューヨークでの慈善活動支援に対する感謝の言葉があった。またまた寄付リストを作るようで恐縮だが、国際的な支援活動に対する支援のいくつかを挙げてみる。東京麻布にある国際文化会館の建設▽ＵＮＩＣＥＦ、ＵＮＥＳＣＯ活動支援▽日本語教育の支援　ＡＪＡＬＴの活動支援―。

「お金を使うのは難しい」。ロックフェラーと正二郎の言葉は庶民感覚からすれば、何を言っているかということにもなろうが、正二郎は芸術文化活動の国際的な広がりとその意味するところを、世界を回って実感していたのだ。文化芸術のとりこになった実業家ともいえよう。もちろんそうした実業家は他にもいた。倉敷の大原美術館を建てた大原孫三郎をはじめ、出光美術館、山種美術館、サントリー美術館等々枚挙にいとまがない。しかし、正二郎の活動は、国際感覚や国家意識、芸術愛など哲学的な理念と使命感に裏打ちされた点で、際立っているように思う。

正二郎に学ぶ　経営学からの考察

【世の中のために】

実業家や経営者への批判はこれまでいくらでもある。経営者は利益を追求する。もうからないことに手は出さない。資本家は労働者を搾取する。もうかるのは何か悪いことしているからではないか。下請けいじめをする。国家と結託して巨大な利益を上げている。社長と部下の間にあんなに所得格差があるのはけしからん。もっと公平な所得の分配があってよいのではないか。中小零細企業は浮かばれない。大企業は横暴だ—等々…。

では、正二郎はどうだったのだろうか。元々は一地方の久留米の地にあった零細企業、7～8人を雇用する仕立て屋、足袋屋だった。教育は商業学校卒。多くを稼ぎ、多くを寄付してきた。賞讃の声は聞こえても非難めいた話を耳にしたことはない。

その語録をいくつか紹介してみたい。

★　世界の情勢は現実に力と力の均衡の上に動いている。国が衰微して他国に支配されるようになれば国民の幸福はあり得ない。個人の幸福を守るためには、国が隆盛にならなければならないことは誰も分かっている。
★　国への奉仕は個人の義務だが、家をよくし、社会をよくすることは国を愛することと表裏一体である。国家優先も個人優先もいけない。
★　ジェット機時代となって世界は狭くなったので、今日においてすべての物事の考え方が民族や国家意識を超え世界的でなければならぬことは当然である。平和を愛し国家を愛することは、人類を愛し世界の繁栄を願うことである。
★　金はもうけよう、もうけようだけでは集まりません。世の中のためになる仕事であれば必ず繁栄するものですから、求めなくても集まるものです。集まった金を贅沢せず、さらにお仕事の発展のため、世の中の発展のため、惜しげなく大胆に使用すべきです。いささかでも実力が備われば、それだけ社会的責任が重くなります。金は生かして使い、死に金とならぬように有効に使うことが大切で、ためることよりもむしろこの方が難しいように思います。

【美術館は交流の媒体】

正二郎の芸術美術好きは半端ではなかった。芸術文化が国境を超えて社会とつながり、お互いを知り合い、理解し会うための重要な手段となることを身をもって示した。美術館や博物館がその場を提供した。日ごろビジネスの場で意識する人は少ないし、学校でも教えてくれない。しかしグローバル化の時代、美術館は高度に洗練された重要な媒体（メディア）の一つなのだ。国際社会で活躍するビジネスマンもこのような視点に目を向ける必要があるように思われる。

第5章　何でも最初、何でも一番

一流には対価を惜しむな

石橋正二郎は新しもの好きだったと評する人が多い。国家や国民、産業のためになる、必要になるものだったら、初めてでも果敢に挑戦しようという企業家精神が旺盛だった。生活の向上に役立つ夢あるものに向かって先頭に立ってチャレンジする気概も人一倍強かった。

何でも一番について、正二郎が意識していたかどうかは別として、身近な〝一番〟の例はいくつもある――。

ブリヂストンの旧本社所在地は東京都中央区京橋一丁目一番地（当時）。自宅の住所も一番地。会社では部署ごとに番号が付けられていたが正二郎の部署番号はもちろん一番。

弁護士は一流を活用した。ある時アメリカの会社と特許紛争になり解決を迫られた。正二郎にアメリカ相手の交渉では外国人弁護士を雇うことが得策だと進言したところ、それならアメリカでの一流を頼みなさいという指示が出た。誰に頼んでよいか分からず大蔵省の国際担当や法曹関係者に日本に

1941年に完成した京橋本社事務所(京橋1丁目1番地、現京橋1丁目7番2号)

いるアメリカ人弁護士で一番手ごわいのは誰かと聞き歩いたことがある。誰もがR弁護士だというので、正二郎に報告すると、にやりと笑ってすぐOKが出たのを思い出す。

R氏は正二郎の意向をくんでさらにアメリカで超一流といわれる弁護士を紹介してくれた。依頼したところ、てこずっていた紛争がすぐに好条件で解決をみた。正二郎が一流、一番を口にし、その活用を心掛けるのは、一流人は早く、安心で実質的には一番得な結果を生んでくれることを体得していたからだろう。

筆者の仄聞だが、自身も美術愛好家として高い鑑識眼を持っていた正二郎は、美術品の収集には一流の画商、一流の美術学者、評論家、画家、目利きの意見、進言を尊重した。一流品の収集には対価を惜しまなかった。そうなると自然に一流品ばかりが持ち込まれ、集まるようになったということだ。

こんな話もある。パリ滞在中、ある時、正二郎から土産にネクタイを購入したいからパリ一番の店に案内するように言われた。ホテルでそれらしき店を探してもらって出かけた。正二郎はネクタイを選ばせ、最終的にここからここまでと、ごっそり注文。なるほど一流店で一流の物を買うのには手間も時間もかからない。そしてもらった方も大喜び。正二郎の流儀は万事この調子だった。

一流志向はフランス印象派絵画に傾注した石橋コレクションにも反映されていた。ブリヂストン美術館を訪問し、その展示品を見て「多くが最高、一流とはこのようなものだ」と評した、パリ国立近代美術館のドリヴァル氏の言葉がそれを証明している。

正二郎の交際する人には一流、トップクラスと呼ばれる人が多い。一流の人はそれなりの見識、情報を持っている。教えられる点が大きいということだろう。ロックフェラー氏も、リッチフィールド氏もそうだ。だからと言って正二郎は一流人にしか会わない、一流の物しか使わないというわけではない。誰とでも時間があれば気兼ねなく会った。一流の物を作り、選ぶために自分で一流品と思うもの、一番を自分で判断して選ぶ。そう心がけていた。「一流の人と会っていると自分に人を見抜く、時流を洞察する眼力ができる」と語っていたことを思い出す。

いつも最高のものを目指し、そして社会に貢献する。世界文化の向上にも寄与する――。これが正二郎の経営哲学だった。ブリヂストンは50年前、総合品質管理の進歩に功績のあった民間団体、個人に贈られるデミング賞の受賞を目指して全社的に品質管理運動を展開した。努力が実って受賞するに当たり制定した社是は「最高の品質で社会に貢献」だった。正二郎は自らこの言葉を筆で書き表明した。ブリヂストンはこれを企業理念として継承し企業活動の基本軸としている。いつも最高の品質をあらゆる分野で維持することは容易ではない。うまくいかないこともある。しかしこの最高を目指す努力は各所で行われているし、行わなければならない。最高の物、品質とは何か、いつも最高のものを見て手にし、その在り方、追求の方法などを最高の物から学ぶ。この哲学、実践はビジネスマンだけでなく、組織を動かす者には参考になる。

経営者、創業者の中に芸術を愛する人が多いのは、芸術品の中から最高とは何かを感じ取れるからかもしれない。

驕れるものは久しからず

平家物語の冒頭に出てくる言葉だ。一番にいるものは必ず誰かに追われる。ビジネスの世界でも、国のレベルでも同じではないか。人々は常に最高、最善を求め、トップクラスに属しようと努力する。一番分かりやすいのはスポーツだ。世界記録は破られるもの。だから選手は一番になるためあらゆる工夫、努力をする。誰もが金メダルを狙う。

ビジネスでもようやく業界ナンバーワンの座に就くと、その座を狙って追いかけてくるものがいる。するといつしかナンバーワンから落ちてしまうこともある。平成30年（２０１８）11月、アメリカのシアーズ社が倒産した。アメリカの小売業の王者といわれアメリカの代表的都市には必ず店があった。カタログを使ったメールオーダー方式で農機具、大工道具から冷蔵庫、洗濯機、家具、台所用品、衣類まで何でもありの品ぞろえで隆盛を極めた。アメリカの著名な経営学者ピーター・ドラッカーも著書『現代の経営』でこのシアーズ社を絶賛しているし、戦後アメリカの経営を学ぼうと多くの経営者がこのシアーズ社を訪問、視察したものである。しかしこのシアーズ社を超えようと、毎日が特売日を売り物にする新型の流通店ウォルマートや、インターネット販売のアマゾンなどが猛追した。結果、シアーズは売れ行き不振に陥った、ついに１００年近い歴史の幕を閉じた。誰も倒産するなどと思っていなかったトップ企業の倒産はいくらもある。例えばＧＭ社。アメリカ最大の自動車会社も一度は倒産し、クライスラーも今やイタリア・フィアットの傘下である。リーマン・ブラザーズは大きすぎてつぶせないといわれるぐらいの証券会社だったが結局破綻、その後に起きた経済大不況をリーマン・ショックと称したほどで、世界経済に大きな打撃を与えることになった。

業界トップの地位を占めた企業はその先どう進めばよいのか、どのように目標設定、企業の発展戦略を描いていくか悩むことになる。日本企業の中にも、この数十年の間に業界一位、世界市場で高いシェアを占め、トップクラスなどと評価されたものの、新興国に追い上げられている例がある。トップの座は常に狙われて、生き残り戦略が当たり前になった。ではどうすればよいか。正二郎に学ぶことができる。

脱タイヤ

正二郎は仕立て屋から足袋屋、地下足袋と運動靴、そしてタイヤ事業へと変転を続け大成功を収めた。タイヤ事業でアメリカでナンバーワンのグッドイヤー社と技術提携するなどして高収益を上げている最中に、脱タイヤ路線を打ち出した。タイヤ事業の将来は分からない。だから、今のうちに別の事業を開発しようというのである。筆者はかつて担当の常務取締役と一緒に脱タイヤの必要性、プロジェクトの構築の重要性を正二郎から聞かされた。事業が順調に推移し、利益も多いのになぜ、と戸惑ったのを思い出す。既に多角化路線を歩み始めていてタイヤ事業は全体の80%程度になっていた。

脱タイヤ路線で新たな事業展開が次々と行われた。しかしタイヤ事業が世界的な規模に成長したため、現在でもこの比率はあまり変わっていないようだ。

一度その分野でトップを走り始めると、一番もうかる路線、事業の生命線と呼ばれる分野に人も金も情報も投入する傾向が強まり、なかなか新事業への進出、新路線展開は進まない。

マーケティング分野に、企業の提供する商品やサービスには寿命（プロダクトサイクル）があるとする考え方がある。取り扱っている商品やサービスの寿命はあと何年か、あるいは既に寿命が来ているかは、売り上げ減少時や投下資本利益率が低下した時、直に感じ取ることができるがそれでは遅い。経営者は短期、中期、長期にわたり調査研究し、監視してゆく必要があり、常に次の路線を考えることが求められる。長寿命を誇る企業には商品やサービスの寿命延伸を図るために改善、改良を行うことはもちろん、事業路線の転換に取り組むところが多い。事業を始める時に事業の寿命を考え、意識している経営者はどれほどいるだろうか。

身の回りを見てみれば、知らないうちに消えた品物、置換されたものはたくさんある。お釜、鉄瓶などが残っている台所はまれだろう。なくなる仕事、職業も取り沙汰されている。駅の切符切りも見られなくなった。携帯電話の普及で公衆電話を探すのに一苦労する。働き方そのものにも大きな変化が起き始めている。外国人と職場を同じくすることなど昔は考えられなかった。ＡＩ、ＩｏＴ、イノベーション、グローバリゼーションなど色々な新語が登場する21世紀は大革新の時代であることは間違いない。変革と革新の時代、経営環境はどんどん変化する。正二郎が事業革新をし続けた時代もやはり激動の時代だった。企業経営にとって変化は存続の前提であると知らねばならない。

未来は創造するもの

しかし変化を的確に捉え、未来を予測することは困難だ。正二郎は、未来を読み取る洞察力に卓越していた。予測したことを成し遂げたというよりは、夢みたことを実現する力があったといえるかもしれない。飛行機、電話、自動車、新幹線、携帯電話、パソコン、カラオケなど数々の発明、発見は事業化の果実と見ることができる。一方でその果実が、自動車文化、カラオケ文化など「文化」として広がっていくことがある。言うなれば未来は創造されていくもので予測されたものではない。多くの新しい創造により未来は構築されてゆくと見ることができる。

世の中に役立つことを考え、手段を発見し、実現する志と情熱は事業家のロマンと言ってもよい。これが未来創造の源泉であり、正二郎の挑戦もまたこの未来創造にあった。

名だたる世界中の実業家はみなこのロマンを持った人たちだ。御木本幸吉のロマンは面白い。世界中の美女の首に真珠の首飾りをつけさせたいと願った。パナソニックの創業者松下幸之助は水道哲学と呼ばれるロマンを持っていた。誰もが水道水を使うように家電製品を使えるようにしたいという思いだったという。自動車王ヘンリー・フォード氏は誰もが自動車に乗れるようになることを夢見て安く製造するためのコンベヤーシステムを創造した。安価な自動車は大量生産され、アメリカンドリームが実現した。

ウォルト・ディズニーは世界の人に楽しみを提供することを夢みてレジャー産業の王様になった。ディズニーの夢は東京ディズニーランドにつながり、今や、年間何千万人もの人が国内外から訪れる。来場者にはリピーターが多いという。余談だが、当時恐らく70代だった正二郎のお供をしてロサンゼルスのディズニーランドを訪れたことがあるが、本当に楽しそうだった。そして東京進出が計画されると、ブリヂストンは早速そのスポンサー企業の一つとなった（現在は撤退）。

手掛けた意外な事業

正二郎は意外な事業に投資していた。とはいえ残された語録から考えてみると決して意外ではなく合理性があった。一つは鉱業。石炭鉱山に投資した。石橋鉱業株式会社の創立がそれだ。タイヤ製造やゴム事業は大量の熱エネルギーを使う。そのエネルギー源の確保が必要だと考えたのだろう。いくつもの炭鉱に投資している。

別事業部として紙業部を設け紙、主として段ボール用紙の製造など製紙事業も手掛けた。地下足袋や運動靴の梱包、輸送に膨大な紙を使用することが見込まれたので、内製に踏み切り、それもかなり大掛かりなものになった。内製により大きなコスト削減ができると期待し進出した。

さらに、製紙関係からパルプの製造に着目し、そのために林業にも投資した。栃木県の黒磯に原生林約一万町歩（1万ha）を入手し、石橋林業株式会社を設立し、林業経営を始めた。那須の地には戦後タイヤ工場、テストコース、スチールコードの生産工場（現在は廃止）を建設し、一大タイヤ都市を出現させた。

こう見ていくと、意外な投資はタイヤやゴム事業を確実に運営していくためのもので、正二郎の事業展開は垂直、水平の両面から発展させたものといえるだろう。

自動車タイヤの事業化、国産化に初めて成功した正二郎が天然ゴムに代わる合成ゴムの開発に情熱を費やしたことは既に述べた。これも日本で初めてであり、国家意識が強く働いた。日本合成ゴム株式会社は現在はＪＳＲ株式会社と呼ばれているが、世界的企業となっている。しかしこれだけではない。「それほんと」と言いたくなるような事業化の例を挙げてみる。

たま電気自動車

自動車もロケットも

正二郎は日本で電気自動車の製造を始めた一人だ。戦後、ガソリン車の製造は禁止されていた。戦前、久留米のタイヤ工場の中でひそかに自動車を2台試作したという話があるくらいの大の自動車愛好家だった正二郎の元へ、戦後電気自動車の試作援助の話が持ち込まれた。

早速に手を貸した。「たま電気自動車株式会社」を設立し、自ら会長となり電気自動車の製造に取り組んだ。どんな車だったのか知るすべもないが、現代のEVとは比較にならない、代物だったろう。ガソリン車の生産が許可されることになり、結局見切りをつけたが、これを機に自動車への関心はさらに高まり、後のプリンス自動車工業につながっていく。同社は色々な名車を生み出した。スカイライン、スポーツカーのスカイラインGT（愛称スカG）などは今も愛好家に名車として深く記憶されている。正二郎は皇太子殿下が昭和28年（1953）以来「プリンス」をご愛用いただく「栄に浴している」と語り、昭和41年（1966）には天皇陛下の御料車「プリンスロイヤル」号を発表している。世界最高級の自動車の製造を夢見ていたのである。御料車製作に関わる意気込みにもナンバーワン主義がうかがえる。

プリンス自動車は国産の小型ロケットも開発した。東大宇宙研究所の注文で気象観測用ロケットを製作し、鹿児島の内之浦で打ち上げている。ロケット技術を昭和36年（1961）にはユーゴスラビアに輸出している。恐らくロケット開発も正二郎のパイオニア精神の表れだったのではないか。研究開発には十数億円を投入したという。

また、実現はしなかったが、昭和12年（1937）に日本フォード社から日本資本に60％を肩代わりしてほしいと希望があり、正二郎はそのあっせんを依頼されたと書いている。実現していたら、日本の自動車産業界の姿は今とは少し違っていたかもしれない。

正二郎は航空機産業にも興味を持ち、戦前、請われて昭和飛行機株式会社の創立に参加し、発起人の一人となっている。

進水当時の「ブリヂストン丸」

戦争で手を引いたものの、この関係で中島飛行機株式会社の荻窪工場が戦後、正二郎の創立したプリンス自動車工業の工場となった。そして昭和飛行機工業がプリンスのトラック車体の下請け工場となった。正二郎は何とも不思議な縁だと回想している。

エネルギーから寝具まで

正二郎は、ＬＰＧ（液化石油ガス）の輸入販売を日本で初めて事業化した。さらにブリヂストン丸と名付けたＬＰＧ運搬用タンカーを建造した。これは三菱重工業で昭和36年（１９６１）11月竣工、翌年2月にクウェートに向け初航海した。液化ガス技術は油田から排出されるガスを輸送できるよう液化する方法で、アメリカの専門家によって発明された。

ブリヂストン液化ガス川崎基地に停泊するブリヂストン丸

事業化に正二郎が興味を示して始まった。日本のようなエネルギー不足の国にはＬＰＧは重要な事業だと考えたものと思われる。ＬＰＧ事業は日本初。そして建造したブリヂストン丸は２万トンで当時世界初の大型ＬＰＧ専用タンカーであった。正二郎の世界最初好きが強く働いたに違いない。

国家への強い思いは山下太郎氏が創立したアラビア石油への事業参加にも発揮された。正二郎はＬＰＧガス事業と同様日本のエネルギー問題についても関心を抱き、山下氏のサウジアラビアとクウェートに石油資源を求める事業に賛同し監査役として参加した。アラビア石油はその後多くの油田開発に成功し、日本は中東に大きな石油資源を確保することになった。

寝具革命の仕掛け人

生活の向上に寄与、貢献することに正二郎のビジネスの目はいつも向けられた。地下足袋と運動靴はわらじと足袋の文化に大きなインパクトを与え日本人の履物文化を大きく変えた。それと同じことが寝具でも起きた。きっかけは正二郎がフォームラバーを用いて新しい布団を開発したことに始まる。アメリカ出張の際にフォームラバーの工場を視察し、マットレスやクッションなどの生活用品の分野で使用されていることを知った。早速、このフォームラバーを寝具用品に利用することにした。

フォームラバーのクッションは綿布団のように打ち直しなどの必要もなく寝心地もよく非常によく売れ、顧客の評判も高かった。毎年売り上げを増やし、「エバーソフト」という商品名はフォームラバーの代名詞のようになった。しかし寝心地のよさに比して重さの点で難点があり、軽くすることに課題があった。そこで着目したのがウレタンフォームであった。ウレタンフォームは軽量で作業性にも富み、軽いのみならず断熱性、耐湿性、耐薬品性、耐老化性など多くの点で優れた性質を有する。これを寝具用にすることを考えた。正二郎はウレタンフォームの製造技術を持つドイツのバイエル社を自ら訪問、技術導入契約を結んだ。開発した製品は安価で軽量、使用が容易ということでエバーソフトをしのぐ売れ行きとなり、「エバーライト」の名のもとに広く普及した。従来からの綿布団を中心とする日本の寝具文化に取って代わる新しい寝具文化を日本にもたらす大きなきっかけとなった。

新事業には、独自路線で展開したものもいくつかある。その代表格が自転車とオートバイだ。子供たちにブリヂストンと聞けば、すぐに自転車の会社と答えが返ってくるほどの自動車事業だが、きっかけは敗戦で操業停止となった社員880人の会社救済のためだった。戦後、自転車に対する需要が強かったことに目を付けて始めてはみたものの、全くの未経験分野でさすがの正二郎も苦戦を強いられた。幸いダイカストフレーム法などの新技術開発や自転車用のエンジンの開発など多くの取り組みと努力の結果、事業は軌道に乗る。

「エバーライト」寝具

自転車に取り付けられるエンジン、BSモーターが好調でこれを機に昭和35年（1960）にはオートバイの製造販売も手掛けるようになった。

覚えている人は少ないと思うが、ブリヂストンはオートバイメーカーでもあったのである。その名は「チャンピオン」。幻のオート

チャンピオン１型

バイといってよいかもしれない。国内販売だけでなく輸出にも力を入れ、アメリカをはじめアジア諸国にも輸出した。国内ではホンダ、ヤマハ、スズキなど専業他社に押されたため輸出に力を入れ、海外販売比率は40％にもなる状況だった。しかし、１９６０年代のブリヂストンのオートバイ事業は不振を極めた。

事業化も早いが撤退も早い

正二郎の好きな言葉は沈思黙考、熟慮断行。事業化を企図しているときは、考えに考えぬいた上で断行する。人の意見をよく聞き、高いアンテナを張っていつも情報は敏感にキャッチ。人脈も張り巡らしている。熟慮断行するときには特に一流の人に意見を聞く。

典型的な例が自動車事業からの撤退である。正二郎は大の自動車愛好家であり、自動車から自分の未来の事業を描いた人でもある。それがある日突然、手塩にかけたプリンス自動車を日産自動車に売り渡してしまったのである。誰しもが驚いた。想定外の出来事だった。

正二郎は特別プロジェクトチームをつくり、プリンス自動車の将来戦略を検討させていた。筆者もその一員として自動車産業を展望し戦略作成に当たった。ただそこで撤退は語られず、合併もなかった。ひそかに別に撤退戦略を検討させていたのである。２カ月間極秘に条件を詰め合併に踏み切ったのだ。

当時の自動車産業界は数十社が乱立し、産業の自由化、国際競争時代にはとても対応できない状態だった。自動車は国の基幹産業になるとされ、政府も合併などで体質強化を促していた。時の通産大臣桜内義雄氏は正二郎に対し、日産との合併を大局的見地から考えるよう促してきた。この話に乗った。条件はプリンス車名の存続、従業員の処遇、代理店の存続、銀行関係の維持、株主に不利をもたらさない―など。好条件でこの交渉は成立したとされている。正二郎は国際化時代には少数の巨大メーカーしか生き残れないと見通し、沈思黙考していたに違いない。昭和40年（１９６５）６月１日、新聞やテレビなど多くのメディアが「日産とプリンスの世紀の合併」と大々的に報道した。

正二郎の先見力、洞察力のすごさには改めて驚く。沈思黙考、熟慮断行で導いた事業家としての決断は自動車好きの思いとは全く別ものだった。よくよく考察すれば高い国家意識の下に動き、断行したのだった。近くで発展戦略の作成に従事していた者にとってはびっくり仰天だが、その驚きは誠にさわやかなものであった。

もう一つの撤退。それはオートバイ事業だ。昭和46年（1971）に正二郎はオートバイから撤退した。自社の競争力、内外のオートバイ市場の先行きを予見し、成功の見込みがないと判断、ぐずぐずして痛手を負う前にあっさりと決めた。

自動車とオートバイからの撤退は、タイヤ事業から大きな視点で捉えたのではないかと思われる。それはタイヤを購入してくれる大手自動車メーカーやオートバイメーカーとの取引関係があったからだ。大手メーカーが新型車を開発するときにはその新車の性能に適合したタイヤを購入先と綿密な関係を保ちながら開発する必要がある。最近では品質情報の共有、平素の技術開発関連情報の交換など普段から緊密な連携が不可欠だ。競争の激しい自動車製造、オートバイ製造を自らも行いながら、競合他社にタイヤを売り込むということには矛盾、無理、疑心暗鬼が生まれる。結局は最高の品質のタイヤを顧客に提供することはできなくなる。従ってブリヂストンはタイヤ製造に専念することが肝要だと事業家としての大局的かつ高度な判断が働いたのではないかと思う。

もう一つの大型撤退に前述のＬＰＧ事業がある。正二郎が進出した主な理由は合成ゴム原料を確保することにあったが、ＬＰＧは燃料用、化学原料用として注目され、供給されるようになりつつあった。事業はその分野で世界的な実績を有する三井物産に譲り渡し、事実上撤退した。

正二郎は事業家としてのチャレンジ、攻めも得意だった。一度手掛けるとなかなか手を引かない。粘り強く推進する。困難にもひるまない。あくまでも初心を貫き、世界一を目指すが、事業撤退も名人技で、先見性、洞察力が働く。色々と事業化したが、自動車やオートバイ、ＬＰＧ事業のみならず撤退したものはいくらもある。戦後イランやシンガポールにタイヤ工場を建設したが国際情勢によって継続困難を見通すとあっさり引いた。

正二郎に学ぶ　経営学からの考察

【事業撤退】

事業を開始するのも難しいが、撤退の方がより難しい。事業を始める前にどのようにして撤退するか、うまくいかない場合にどのようにして解決するかなどを検討しておく経営者はあまりいないだろう。商品やサービス、会社には寿命がある、という考え方もある。寿命を常に見て寿命の延伸を図る必要のあることは述べた。競争に敗れて破綻することもある。事業の先行きが思わしくなくなり撤退せざるを得ない状況も常に考えることは重要だ。アメリカ企業と合弁契約を作成しているときに、契約の中に双方が合併を解消せざるを得なくなった場合の条項、手続き、さらには管轄する裁判所、適用する国の法律まで微に入り細に入り討議した経験がある。

事業を起こすときにはこのような心がけは極めて参考になる。これからの事業には海外でパートナーと組む場合が多くなるし、取引先も外国企業でビジネスの慣行、法体系も日本とはかなり違う。不測の事態が発生し、事業撤退をせざるを得なくなることは常にありうるのだ。

多角化による事業進化

自動車、オートバイからは撤退したが、ゴムをベースにした脱タイヤ路線、タイヤ事業の進化のための新事業には進出を続けた。タイヤ事業強化路線ともいえるもので、タイヤの品質向上、コスト削減、競争力向上に寄与する分野には積極的に取り組んだ。多くはタイヤ製造の上で骨格となるいわゆるコア部材の領域である。この路線で最初に手掛けたものの一つがカーボンブラックの製造だ。タイヤが黒いのは炭素の微粒子のカーボンブラックを使用しているからであるゴムの強化に不可欠なものとされる。ほとんどのカーボンブラックを購入に頼るが、一部は別会社で自製している。正二郎は、カーボンブラック国産化のため旭カーボンを新潟に設立した。

多角化路線の中にブリヂストンのタイヤ事業を世界的な地位に飛躍させる力の一つになったものがある。それはベルギーのベカルト社と合弁で、スチールコードの製造を日本で始めたことである。タイヤの骨格を作る上で、構造体とする部材には綿コード、レイヨンコード、ナイロンコードなどがある。タイヤのイノベーションの歴史はこのコードにあると指摘する人もいる。これらコードに代わってスチールコードを使うラジアルタイヤの時代が始まりつつあった。当時ラジアルのリーダーはフランスのミシュラン社。世界中のタイヤメーカーは、ラジアルタイヤの製造を始め、そのために必要な

1935年に発売したゴルフボール

スチールコードの入手に懸命だった。ベカルト社はその主要メーカーで優れた技術を持っていた。ブリヂストンは偶然の縁でこのベカルト社と手を組むこととなり、合弁でブリヂストン・ベカルト・スチール・コード株式会社を設立し、製造工場を栃木県那須塩原に造った。ブリヂストンは以前からこのラジアルタイヤの時代を洞察し、そのための技術開発、特にゴムとスチールコードとの接着技術と製造法をひそかに研究していた。高品質なスチールコードと安定供給力を手にブリヂストンは、国際市場で高品質のラジアルタイヤを販売し優位な地位を築くことに成功した。ファイアストン社との合併とともに、ブリヂストンを世界一へ押し上げる原動力の一端になった。

ブリヂストンはタイヤ以外のゴム関連商品を従来から製造していた。寝具関連品やコンベヤベルト、ゴムホースに加えてゴルフボールも作っていた。これら既に手掛けていたゴム関連用品をベースに事業規模を大きくすることを、脱タイヤ路線の中核と位置付けていた。そのために製品を最高品質のものにすることとし、方策として外国から最先端技術を導入する道を選んだ。相手先はその業界のナンバーワン企業だった。前述した一番主義だ。一番の企業と手を結び最高の品質で、業界でナンバーワンとなる。それを狙って誕生した合弁企業の相手は前述のベカルト社以外にもある。

① インペリアル・イーストマン社　高圧油圧ホースをはじめとする建設機械メーカーなどが使用する高度な特殊工業用ゴムホースの製造技術では業界一であった。昭和40年（1965）5月合弁によりブリヂストン・インペリアル・イーストマン社を設立し、高品質の油圧ホースを製造し業界のニーズに応えた。戦後最初の合弁であり、この連携でアメリカ企業との合併に必要なビジネスノウハウを入手でき、後の合弁会社設立には非常に役立った。さらにこの合弁を通じて正二郎の経営哲学やビジネスに対する取り組み方、手法が高く評価され、国際的な信頼を高めることとなり、外国との連携や合弁の推進には大きな触媒的役割を果たした。同社はその後ブリヂストンの全額出資となり社名はブリヂストン・フローテック社となった。

② クレバイト社　自動車向けゴムブッシュの生産ではアメリカではナンバーワン企業で同社と最高品質のゴムブッシュを自動車メーカーに供給すべく合弁事業を開始した。後に防振ゴム製造を主体とする会社に転換したためブリヂストン全額出資となり、社名はブリヂストンエラステックとなった。

③　スポルディング社　正二郎は自身もゴルフ好きで、創業の地・久留米にはゴルフ場を造った。戦前からゴルフボールを製造し、戦後も製造販売に力を入れた。ゴルフボールの事業をベースにスポーツ産業に本格的に進出することを計画し、この分野では世界的な地位にあったスポルディング社の親会社クエスター社と合弁会社ブリヂストン・スポルディングを設立し、スポーツ用品を製造販売した。その後ブリヂストン全額出資となり、ブリヂストンスポーツ株式会社となった。

一寸脱線

即断の効用

タイヤ業界、スチールコード業界、繊維業界の間では当時、スチールコードを使ったラジアルタイヤ時代の出現を予測し、スチールコードの入手、製造技術の獲得競争が激化していた。ベルギーのベカルト社はスチールコードの製造技術で群を抜いていた。日本進出を計画し提携先を製鉄業界や繊維業界に探していた。そして日本の外資系石油関連企業のトップを退職したイギリス人を自社の代表として日本に派遣し、交渉を始めていた。たまたま、ベカルト社の代表に接触したブリヂストン社員が、正二郎と成毛収一に報告した。報告を聞いて正二郎は提携を即断。なかなか決定しないのが日本企業だと思っていたこのベカルト社代表は一日で回答が来たのに驚いたらしい。合弁はとんとんと進み、栃木に製造工場を建設し、ブリヂストンはスチールコードの供給源を確保し、ラジアルタイヤの製造で世界的な地位を築くこととなった。背景には正二郎の素早い決断があったのだ。

正二郎に学ぶ　事業展開のアプローチ

正二郎の脱タイヤ、新分野へ進出するために取った考え方やアプローチはこれからの時代に事業を展開する上で参考になる。まず、多角化路線の進展には既存の事業の将来性を吟味し、それを強化するため最高の品質のものを提供することを念頭に、国際的にナンバーワンの企業をパートナーにするべく努める。パートナーから十分に学び時期が来ると全額出資し、独自路線でさらには進化発展させる。地下足袋から運動靴、タイヤ事業へと転換していくアプローチの基盤には、いつもグローバルな視点、世界から自分の事業を見る、世界の企業から学ぶ、連携するなどの意識が強く働いていたといえよう。

正二郎はこのほか色々なことに手を出している。昭和22年（1947）に熊本製粉という会社を設立し製粉事業に乗り出した。食糧難に一肌脱ぎたい、との思いが背景だったろう。

また、自他ともに認める建築好きだった正二郎は、建物の設計にはとりわけ関心が強く、事業所設計にも大変凝った。自分でも工場の基本構想図面を描いた。著名な建築家、故菊竹清訓氏に依頼した設計も多かった。住宅関連事業にも深い関心を示し、一時期、著名住宅専門企業と手を組み住宅事業進出まで計画した。結局は住宅関連の製品、部材の製造にとどまり広く事業展開することはなかった。

大自然と庭園への愛着

正二郎は昭和51年（1976）9月、87歳で他界した。原因はパーキンソン病。亡くなる前には、元気になったらアメリカのヨセミテ公園を見に行きたいと言っていた。それほどに自然好きで、外国出張で時間があるとドライブで森や農村、田舎道、ガーデンを巡ることを所望した。特に雄大な自然を好み、大きな森や大平原、山々、大河川が展開する風景がお気に入りだった。庭園も自ら手がけ、手入れも指揮をするほどだった。あまり知られていないが、自然愛好の趣味がいくつもの庭園の所有につながっている。その第一の表れが久留米の石橋文化センターである。ブリヂストンタイヤ創立25周年事業の一環で久留米市に寄付したもので、5万平メートルの土地を造成し、各種の文化施設や花壇がある。昭和46年（1971）には1億5000万円を投じた日本庭園を寄付している。

正二郎が造り愛した庭園を紹介しておこう。

水明荘（非公開）　久留米市郊外の高良山の別邸で1万3千坪の広さがあり、建築と造園は人間最高の趣味であるが口ぐせだった正二郎が自ら構想を練り、指図して造った。水明荘の名は頼山陽の漢詩の中にある山紫水明の言葉から取ったとされる。渓流の水を引き、杉1000本、楓300本、松、楢、竹を植えた。何と17年をかけたとされ、動、静、直線で構成した庭園は正二郎の性格を如実に反映したものとされている。心血を注いだ自慢の場所に正二郎はグッドイヤー社のリッチフィールド会長をはじめ、内外の賓客を招いて交流を深めた。

鳩林荘《きゅうりんそう》（非公開）　東京の府中市にある日本庭園で一部に西洋式ガーデンも取り入れながら、武蔵野の自然と立地を生かしている。海外からゲストとの交流にも使用され、イタリアから日・伊親善の貢献に対して正二郎に贈られた勲章の伝達式もここで行われた。ブリヂストンや関連会社の幹部社員も定期的に招き、正二郎は家族とともに慰労会を開いている。筆者もその機会を得て思いがけず、思慮深い行動に接した。それは慰労会が始まろうとする時に自らの家族を前にして、「君たちがそれなりの豊かな生活ができるのは、ここに集まってくれる社員たちのおかげである。感謝の気持ちを忘れないように」と語っていたことである。正二郎は家族と一緒に庭園の入り口で従業員を出迎えていた。鳩林荘は家族と一緒に従業員の労をねぎらい感謝する場でもあった。鳩林荘に隣接して平成19年（2007）に開館した正二郎の資料館（非公開）が設置されている。その足跡を伝える資料や記念品、遺品などが陳列されている

海幸荘と山渓荘　海幸荘は静岡県熱海市の山側に位置する。日本庭園の規模は水明荘や鳩林荘に比べて小ぶりだが、熱海の海を見下ろすことができ、秋にはもみじが美しかった記憶がある。山渓荘は東京の奥多摩・多摩川の川沿いに造園され、ブリヂストンの社員用保養所奥多摩園に隣接している。海幸荘と山渓荘は正二郎が所有（現在はブリヂストン所有）し、自ら手がけた日本庭園として愛用していたが、主としてブリヂストン関係の社員が庭園を楽しみ保養できるようにと配慮されていた。特別の計らいで筆者は学生を連れて海幸荘を訪問し、合宿ゼミをした経験がある。この日本庭園はブリヂストン社員の研修会にもしばしば利用された。

軽井沢山幸荘　長野県軽井沢町の正二郎の別荘は広大でまさに山紫水明の地にある。

正二郎が最も大事にしていた交流の場でもあり、政治家はもちろん、各国の大使や公使、学者、芸術家、文士、実業家など様々な人々がここに集まった。ゴルフ、茶席、晩餐会などを通じて交流を深めた。

正二郎にとって、軽井沢は最新の情報、知識、知見に接するとともに沈思、黙考、熟慮する場所でもあった。いわゆるニクソン・ショックで当時1ドル＝360円であった日本の円のレートが変動相場制となり、為替は高騰して経済界は方向感を喪失した。正二郎は当時軽井沢にいた。筆者など経済調査専門のスタッフが報告に駆け付けると、何のコメントもなく、静かに本社に戻って幹部社員を集めるようにと指示するだけであった。既に軽井沢に滞在中の学識者、経済人との情報交換は済んでいたのだ。本社に戻った正二郎が会議に臨み発した言葉は忘れられない。「心配する必要はない。自分は昭和の金解禁での混乱も経験している。色々な専門家の意見も聞いた。大丈夫乗り切れる。私についてきなさい」。この一言でブリヂストンの幹部、従業員の動揺は吹き飛んでしまった。

軽井沢山幸荘は、戦後間もなく日本自由党が誕生する際に正二郎が鳩山一郎と意見を交換し、障害を乗り越えて結党できるように働きかけた場所でもある。政治史の表舞台には出てこない特別な場所でもあった。

一寸脱線

森林公園工場の誕生

正二郎はタイヤ工場を新設する際には自分で構想を練り、基本設計に深く関わった。主力の東京工場（現東京ＡＣタイヤ製造所）新設時の構想図が現在も保存されている。それを見ると、工場の周囲には大きな樹木を植え森林に囲まれた工場、森林公園を策定するように指示していた。今、樹木は大きく育ち夢は見事実現されている。タイヤ工場はゴムを加工する過程で臭いや、音が発生する。この点を考慮してのこととも思われるが、一方で、自然好き、庭園好きの正二郎が工場にまで自然や公園を持ち込んだともいえるのではないか。誰に言われることなく、環境保護主義者となっていたのだ。

★　本当のような冗談のような話。

工場長になると、コスト削減に懸命になる。樹木が気になる。落ち葉の清掃費は削減できないか、庭師の費用は何とかならないか。いっそ植木は切ってしまえば維持費が削減できる。そんな時、工場長の上司の重役が曰く。「工場の樹木を切るか、君の首を切るか」。

★　日本庭園から生まれた正二郎の人事哲学「できない人はいない」。

正二郎にお供して日本庭園を訪れたことがある。その折、植えさせた木々の名前、花、それに色々な石、そして庭の基本哲学や設計などを説明しながら、さらりとこんなことをつぶやいていた。「木々、草木、石のすべて駄目なものはないね。日本庭園では植えてあるもの、置いてあるものはすべて場所を間違えなければすべて立派に映えるものだ。それを間違えると立派な木々も石も映えない」。これは正二郎の人事哲学だ。一言でいえば適材適所。使う人、上に立つものに人財活用の責任があるということを教えている。人はよく簡単にあいつはできない、やる気がないと決めつけるが、正二郎のつぶやきの中に真理はあるようだ。

★　日本庭園に関心を持つ外国人が近年増えている。海外に行くと日本庭園が町の名所の一つになっているところもある。留学時代の恩師のお宅を訪問したら、自慢げに庭を見せてくれた。アメリカでは日本庭園を持つのが一種の流行だそうで、日本の庭を見て回るツアーもある。日本庭園は自然を巧みに取り入れており、心が癒やされるという。名園は京都の寺院、離宮、御所などに多いが、地方にもたくさんある。土地の名家の庭には素晴らしいものがある。実業家や政治家の所有する名園も多い。吉田茂は神奈川県大磯町に別荘を持っていたが、そこの庭園は政治家の交流の場でもあった。中曽根康弘はレーガン大統領を自分の別邸に招いて茶会を開いている。庭園は昔から将軍、大名、実業家、政治家の交流、情報交換、沈思黙考の場であったようだ。京都には成功した一流の財界人の日本庭園が多く見られ、今なお庭園を求める財界人が多いという。グローバル時代の交流、交渉の場には日本庭園は格好の場なのかもしれない。

第6章　日本自由党の産婆役

鳩山一郎との出会い

正二郎は足袋から地下足袋・運動靴、タイヤへと事業を進化させ、日本庭園、美術館など色々なものをつくった。そして政党の誕生の産婆役をも果たした。言うなれば政党をもつくったのだ。それは現在の自由民主党の源流となった日本自由党である。あまり知られていないが正二郎は回想録などでかなり詳しく語っている。

日本自由党の誕生は正二郎と鳩山一郎との出会いに始まる。日米開戦の年、昭和16年（1941）5月、正二郎は鳩山の碁友だった小倉敬止との縁で両国の相撲見物に招待された。鳩山は紹介された正二郎に「米国とは戦争になりそうだ。どうしても食い止めなければ国はつぶれる」と語っていたという。戦時中、小石川・音羽の鳩山邸には吉田茂がしばしば来訪、正二郎も数回にわたり食事を共にした。吉田茂は鳩山に「戦争が終われば君は総理、僕は外務をやる」などと発言、組閣構想も語られた。鳩山も吉田も共に軍部ににらまれ吉田は投獄されたこともある。鳩山は軽井沢にこもり終戦工作に努力していた。驚いたことに昭和19年（１９４４）８月、正二郎は、鳩山、近衛文麿、細川、三井の各氏に自身も加わって千曲川の鮎料理屋で、終戦工作について話し合ったことがある、と「わが人生の回想」に記述している。正二郎の実業家としての国家意識や愛国心に触れてきたが、このような行動にも参加していたことを知ると、改めて驚かされる。自分も国を背負い、国のために一肌脱ごうという覚悟が常にあったのではないか。

戦後日本の企業は政府の規制を受け、許認可を受けなければビジネスを円滑に進めることができない状況にあった。正二郎が手掛けた合成ゴム事業も、ＬＰＧ事業も、自動車会社の経営も、そして外国との提携の下で進められた多角化事業も政府の認可を要するものが大半だった。関係官庁との折衝、交渉には会社幹部が出向き、懇談、協議にほとんどの会社が普段から意を注いだ。トップの挨拶回りも当たり前だった。しかし、正二郎はこのようなことにほとんど意を用いなかった。何かの拍子に筆者は一回だけ同行したが誠に形式的で味も素っけもないものだった。正二郎の脳裏には自分は国家のために仕事をしているのだという自負と国家意識があったからではないか。

昭和20年（１９４５）８月15日終戦を告げる玉音放送を正二郎は軽井沢の別荘で鳩山一郎夫妻らと共に聞いた。56歳の時だった。「これで日本は救われるという気持ちを抑えることはできなかった」

と振り返っている。鳩山氏は小石川・音羽の邸宅が戦災で住めなくなり、東京麻布の石橋邸を頼った。そして8月24日から新党樹立の話し合いが、そこで始まった。当時芦田均、大野伴睦、牧野良三、河野一郎、林譲治、平野力三、大久保留次郎などの多くの政治家が毎日のように会合し、8月29日新党樹立新綱領協議会が開かれた。

そして9月10日には正二郎の自宅に日本自由党創立事務所の看板が掲げられた。11月9日に日本自由党の結成式が日比谷公会堂で開かれ、鳩山一郎が総裁に選ばれた。第一回の選挙では第一党となり、石橋邸は組閣本部の観を呈したといわれる。鳩山は「石橋君は屋敷だけでなく食べ物まで惜しみなく提供してくれた。サツマイモを仕入れこれを出してくれた。…自由党の発足は石橋君の力とサツマイモに負うところが実に大きかった」とユーモラスに述べている。

鳩山はGHQの指令で追放され、総理の座にはすぐ就けなかった。その後の政界は鳩山の復帰、擁立を巡って複雑でごたごたとややこしいものになった。回想録の中で紹介されている正二郎の言葉の一部が印象的で、説得力がある。「…吉田総理を倒して混乱するよりも、保守合同で政局を安定させる方が急務であると思う。…自由党がまず一本となり…大合同をなすのが良策と考える。私は政治に容喙《ようかい》せぬ主義だが、財界の要望もあり、…自由党の創立に努力したものとして、それに国民に政権争奪の印象を与えることは非常に危険で、すでに財界の批判を受けているし、あなた方も贔屓《ひいき》の引き倒しにならぬよう行き掛かりを捨て、大合同により政界を安定させるよう踏み切っていただきたい」

吉田総理とは鳩山の追放が解除された暁には総理の座を譲るという約束があったようだ。しかし紆余曲折が続いた。この頃、正二郎の夫人が亡くなった。夫人は邸宅が自由党の結成の場として提供されていた頃、集まる政治家のために骨身を惜しまず世話をした。その夫人が亡くなり通夜に政界のお歴々が多数集まり「霊前で手を打つ」こととなり、吉田―鳩山会談が実現したという。会談には正二郎も同席している。そして鳩山内閣が昭和29年（１９５４）12月に誕生。鳩山総理は日ソ交渉を行い、国交が回復した。正二郎は「もしも自由党の復帰に続いて保守合同ができなかったならば、政界は混乱し、今日のような日本の発展は見られなかっただろう、思えば戦後の一大危機であった」と語っている。

正二郎と夫人は日本の戦後の日本自由党の結成に大きな役割、一口で言えば産婆役を果たした、と言えよう。戦後政治史の秘話ではないか。

正二郎の長女安子は鳩山一郎の長男威一郎と戦時中に結婚。政治家の鳩山由紀夫、故鳩山邦夫の両氏は鳩山威一郎の子息である。

国際化戦略がもたらした意外な結合

ファイアストン本社

石橋正二郎は昭和48年（1973）に引退を表明し、長男幹一郎を会長、非同族の柴本重理を社長に任命した。正二郎は84歳だった。引退しても事業意欲は衰えることはなく、事業報告に参上した役員に「シェアーを落とさないように」と指示していたという。当時ブリヂストンは国際化戦略を推進し、米国に本格的な進出を計画していた。その成り行きには特別の関心があり、助言していたようだ。正二郎は、しばらくして病に倒れ87歳で亡くなる。そして想像もしていない事件が死後12年の経った昭和62年（1988）に起こった。ブリヂストンが米国のタイヤのトップメーカーの一つファイアストン社を買収することになったのである。買収金額は約26億ドル（当時の換算レートで3300億円）。その頃、ブリヂストンの連結売上高は約8200億円であり、ファイアスト

家入社長のスピーチ（左はファイアストン社ネビン会長）

ンの売り上げを加えると約1兆3000億円に拡大した。一挙にグッドイヤー社、ミシュラン社と互角となり、タイヤメーカーとしては世界一の地位を得た。しかし、買収後、ファイアストン社を再建し、軌道に乗せるまでには経験したことのない苦難の道を歩いた。それはブリヂストンの社史に細かく記述されている。

果たして正二郎は創業時からの国際意識、その後の国際化戦略がこのような成果につながると見通していたのだろうか。自分が育てた人材が苦悶の末に成し遂げた仕事は予想以上だったに違いない。筆者には泉下から正二郎のつぶやきを聞いてみたいものである。快哉が聞こえてくるような気がする。平成29年（2017）の同社の売り上げは3・7兆円で、世界一の座は失われていない。

運命の皮肉というべきか。ブリヂストンは創業当時、ファイアストン社からタイヤの製作に使用するモールドに刻印された商標、

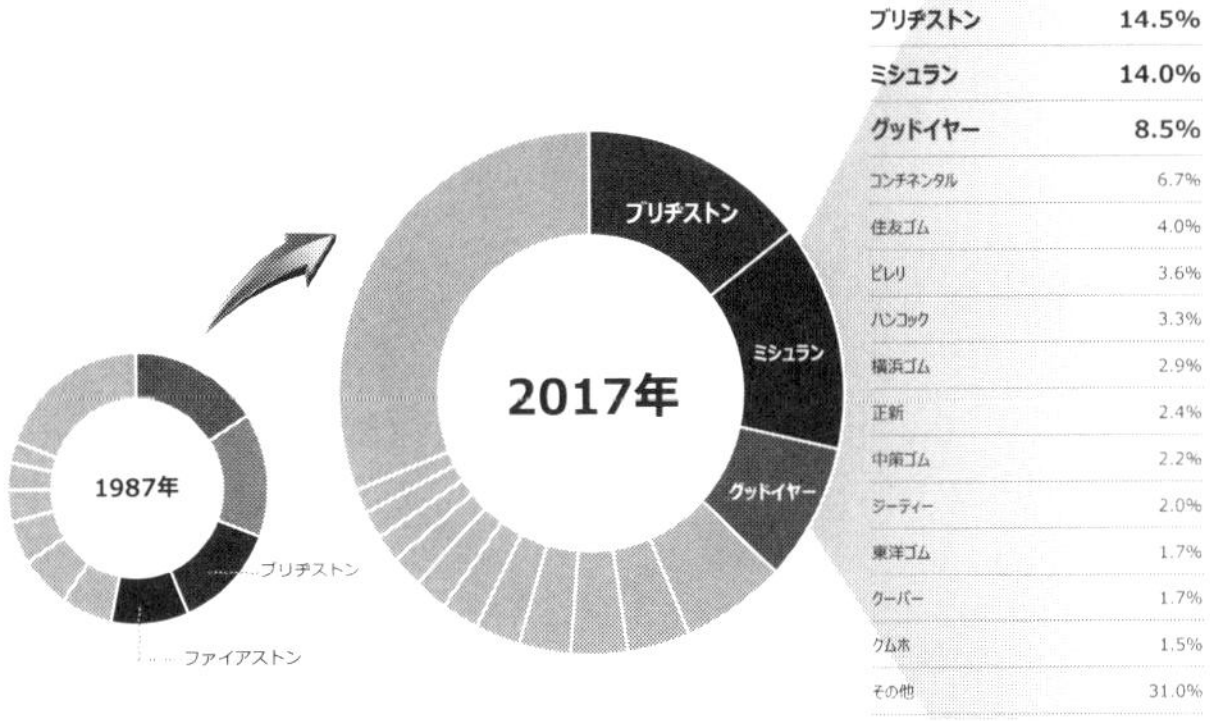

世界のタイヤ市場シェア（売上高ベース）
資料出典：タイヤビジネス誌―Global Tire Company Rankings
※円グラフの面積は、各企業のタイヤ売上高合計に比例しています。
1987年：40,250百万米ドル　2017年：168,200百万米ドル

社名が類似していると訴えられたことがあった。社名は石橋を英語にしたものに由来しているとの説明で和解したという経緯があるが、結局、当の争い相手を傘下に置くことになった。

ファイアストン社はハーベイ・S・ファイアストン氏が創業し、自分の名を社名とした。創業は1900年（明治33）で1906年（明治39）にはフォード自動車に2000本納入している。自動車王ヘンリー・フォードとは実業家として深い親交があった。1911年（明治44）の第一回インディアナポリス500マイルレースにはファイアストンブランドのタイヤを装着した自動車が優勝している。1928年（昭和3）には海外工場をイギリスに設立している。正二郎がまだ、タイヤ事業進出へ懸命に準備をしていた頃である。

ファイアストンは他社に先駆け航空機用タイヤを製造

するなど、イノベーションを手掛け業界では既にグッドイヤー社に次ぐ地位にあった。面白いことに、ヘンリー・フォードの誕生は１８６３年（文久３）、トーマス・エジソンは１８４７年（弘化４）でハーベイ・Ｓ・ファイアストンは１８６８年（明治元）。アメリカでは発明家、創立者としてこの３人がほぼ同時代に共に名を轟かせた。正二郎の誕生は１８８９年（明治22）。ファイアストン氏と20歳くらいの開きがある。

アメリカには国民の心に根付いているようなシンボル産業がいくつもある。例えばＧＥ、メイシーズ百貨店、ロックフェラーセンター、ヤンキース、ディズニー、ボーイング、ダグラス、ＩＢＭなど。地名や、創業者名が付けられた社名は歴史と伝統、物語があり、いわゆるアメリカ・ブランドとなっている。ファイアストンもその一つであった。不況や国際競争の中で、盛者必衰、いつの間にか姿を消していった企業もあるが、そのブランドは米国人の心に長く残っている。

国際化時代、国際的な買収、合併は珍しいものではなくなっている。ただシンボル産業を相手とする場合には買収する側にそれ相応の配慮が必要で、従業員に対してはもちろん地元住民やその企業の得意先、地元自治体、関連商工団体や労働組合、マスコミなどに対し慎重な対応を心掛けなければならない。

ブリヂストンは諸般の事情を熟慮した上でファイアストン買収に動いたのだが、決してすんなりといったわけではない。経営陣は多くの苦難に直面した。この買収に危惧の念を抱く人は社内外にあふれた。

ブリヂストン経営陣がこの買収計画を軌道に乗せるために四苦八苦している最中、筆者はハーバードビジネススクールの教授陣とブリヂストンの買収戦略について意見交換したことがある。興味深かったのは、教授陣の中にファイアストンの要請で買収交渉のアドバイザーとして参加したり、情報を提供したグループが存在したりしていたことだ。グループはブリヂストンについて徹底的に調査し、合併にふさわしい相手かどうか助言していた。また、ブリヂストンがファイアストンにてこ入れし、苦労をしていることや、その手法まで熟知していた。ハーバード大学のビジネススクールはケーススタディと呼ばれる事例研究、ビジネス教育法を創始し、企業研究では傑出した業績を残している。考えてみれば、当然のことかもしれない。そこで、教授陣にブリヂストンの立て直し戦略、買収の適否、今後の見通し、展望などについて率直な意見を求めたところ、次のように意外なほど高い評価が返ってきた。

「ブリヂストンの買収戦略はエクセレントだ。今は苦労しているが必ず良い結果が出る。ファイアストンの合併はよい合併だ。ブリヂストンは買収戦略でグローバル企業になる切符を手にした。グローバル企業としての地位を築くための時間を買ったのだ。合併で世界一の道を歩き始めたのだ。成功は間違いない」。そしてこんな言葉も。「なぜこの合併がエクセレントで、成功すると信じているか。それは両社とも創業者が同じような企業理念、使命感で経営してきたからだ」と。

彼らによると、「創業者ハーベイ・ファイアストンの理念」はビジネスの全構造の基本ベースは、他人のために役立つものを作るということにある。「これがサービスだ」という言葉があり、ロゴは品質と誇りを象徴するものだという。一方、ブリヂストンは「最高の品質で社会に貢献」という言葉を会社の理念として掲げ、正二郎は「世の人々の楽しみと幸福の為に」という文化活動の信念を披歴している。二人の創業者の理念、哲学には共通するものがある。社会貢献意識が事業の基盤にあり、国家意識、ステーツマンシップが事業の促進力となっている。会社の良否を判断する上で重要なのはその会社の企業文化だろう。創業者の哲学や企業理念をベースに誕生し、育成される。良い企業文化とは何かは別として、それが会社の生成発展に大きく関わっているのは間違いない。ブリヂストンにもファイアストンにも創業者がつくり上げた、それなりのエクセレントな企業文化がある――。しかも強固な岩盤（ストーン）があるのではないか、などともっともらしい落ちも付き、その時の会合のことが筆者の脳裏に強く残った。筆者は帰国後、ハーバードでのやりとりをブリヂストンの経営陣に伝えた。教授陣のご託宣は当たったようだ。

生涯現役のモデルが如く

正二郎は84歳で相談役に退いたとはいえ87歳で亡くなるまで、生涯現役のモデルのように働いた。17歳で家業を継ぎ、仕立て屋を志まや足袋に衣替えし、日本足袋、後の日本ゴム株式会社を設立したのは29歳、ブリッヂストンタイヤ株式会社を設立し社長に就任したのは42歳だった。本社を東京に移したのは46歳だった。

正二郎は随分若くから活動し、大きな業績を残した。創業するのに若すぎるなどという言葉は無用だということが分かる。足場を固めた上で大きく展開したのは第二次世界大戦という中断期を経て、戦後からだった。事業再建にすご腕を発揮する一方で、日本自由党の結党を支援し、鳩山内閣の誕生に一肌脱いだ。広範囲にわたる活動と当時の年齢にも目を見張る。日本の財界では大方60歳から65歳くらいで第一線から身を引くのに、むしろ60代からの方が大きな仕事を始めている。ブリヂストンサイクル株式会社の設立は60歳の時、プリンス自動車工業株式会社の会長に就任したのは62歳だった。

ブリヂストンの旗艦工場である東京工場の建設には71歳で当たった。正二郎はこの工場の建設に自らその基本構想図を描いた。最先端の設備機械を投入し、最先端の製造技術が発揮されるように設計させた。単に製造面だけでなく、環境面に配慮した工夫も色々と取り入れた。工場を森の公園にする

東京工場の各福利厚生施設（上段左より社宅群、病院、体育館、下段左より児童会館・幼稚園、社員寮、幹部社宅）

構想はこの工場から進展した。正二郎はこの東京工場を無公害の理想的工場としたいと考え、「煤煙、汚水、騒音対策を第一とした」と回想録の中で強調している。「自分は今まで20カ所に及ぶ工場を建設したが、建物の周囲を広々とした緑地帯とし、美しい環境をつくり働く人の健康、衛生、慰安に適する環境にすることで、東京工場を私のこの夢を実現した会心の作と思っている」（『理想と独創』）。

工場には鉄筋4階建て５０００坪の技術センターも設置した。後に増築し規模は倍加した。１０００人の技術者が自動車タイヤの基礎、応用、実用化に取り組んだ。完成時には久留米から熟練者を８００人ほど転勤させたので、従業員家族が不自由なく暮らせるようにと、５階建てのアパート１０００戸の社宅群、５００室の社員寮や久留米の食文化を享受できるように配慮したスーパーマーケットや児童会館、それに体育館、野球場、テニスコート、水泳プールなどのスポーツ施設、病院まで設置、運営させた。敷地は18万坪、工場用地は８万５０００坪で、福利厚生施設用の土地が半分以上を占めた。東京工場建設当時、所在地は東京郊外の小平市とはいえ、まだ不便だったため、家族帯同で転勤移住してくる従業員の生活には特に配慮し、住環境の整備に心を砕いた。

さらに社宅児童の教育の重要性と通学の便を考え、社宅に隣接して用地５０００坪、コンクリート２階建ての延べ９３９坪の校舎を建設して小平市に寄付した。西武鉄道小平駅は工場の西側にあったので、従業員の交通の便を図るために東側に新駅建設用地、道路敷地約１５００坪も寄付した。また小平駅周辺には久留米の縁のある人たちに積極的に出店を促すなどして、転勤者に気を使った。

正二郎は東京工場を自分の夢の実現と述べているが、その後の工場建設のモデルとなり、多くが石橋式の工場運営の視察に訪れた。東京工場は新産業小都市と言えるものかもしれない。後に見学したソビエト連邦（当時）の視察団をして「石橋正二郎は社会主義者か」と言わしめたそうである。正二郎の考える経営の在り方、従業員に対する考え方、処遇の仕方が社会主義者さえ驚かせたに違いない。工場アパートに住む従業員を取材した米国メディアの記者が筆者に「工場の作業者たちが所有している電化製品のレベル、生活の豊かさにびっくりした」と述べたのを記憶している。このような経営、労務政策は時に〝家父長的〟と形容され、時代遅れでネガティブな印象で語られることもあるが、正二郎の社員に対する思い、対応は人間主義、心温まる人間愛の印だったし、経営者の姿勢として今に通じるものだと思う。戦後長い間、正二郎の福利厚生政策は日本の産業界で一つのモデルになった。

晩年まで好奇心は旺盛

正二郎は72歳の時に創立以来同族会社として経営を続けてきたブリヂストンの株式を公開した。従業員にも1株160円で株を譲り渡した。戦後、グッドイヤー社が技術・生産提携する際、グッドイヤー社から条件として株式25％の取得を申し込まれたが、これを断った。この株式公開で初めて同社に100万株を譲渡したのだった。

当時自動車産業の発展とともに膨大なタイヤ需要が生まれ、それに応えるためには巨額の資本を要したので株式公開が必要だったと正二郎は述べている。その後何回も増資を続け第一線を退いた翌年の昭和49年（1974）、85歳の時には資本金は142億円となっていた。株式公開から、しばらくして正二郎は脱同族を唱え始めた。石橋一族はブリヂストンの経営から身を引く、経営に関与しないと言い出したのだ。

ブリヂストン美術館の里帰りパリ展が開催されたのは正二郎が72歳の時。開館式に出席するためパリに出向き、フランスの美術界と毎日交流し、日仏の親善に大きく貢献した。展覧会の後大西洋を渡りニューヨークへ赴く。ロックフェラー氏などと旧交を温めた一方、グッドイヤー社の工場や研究所を訪問し、最新のタイヤ生産技術を視察するとともに経済、経営問題について親しく情報交換をした。ロサンゼルス訪問の際にはカリフォルニア大学を訪れ、最先端の経営学教育について、経営学大学院のC・オドンネル教授と熱心に質疑した。正二郎は理事長を務める久留米大学のことが念頭にあったのだろう。大学付属病院をぜひ見学したいと申し入れ、日本から同行した医師と一緒に最新の医療設備を見学し、病院運営の実情をつぶさに見た。なぜこんなにも関心があるのかと質問されると、久留米大学の医学部と付属病院の話が出た。

当時日本にはまだなかったディズニーランド見学も希望し、案内された。72歳とは思えない好奇心には驚いたが、正二郎には米国人が何に関心を持ち、幸せを感じ取っているのかを目にしたいという気持ちが強く働いたのかもしれない。楽しんでいる人々の姿をじっと見ている姿は誠に印象的であった。

74歳で会長職に就き、76歳の時にはブリヂストンがシンガポールに建設した工場の竣工式に出席した。これが最後の海外出張になった。当時シンガポールは独立国ではなく、マレーシアと連邦を組んでいた。マレーシアのラーマン首相からはあついもてなしを受けた。首相はシンガポールの名物は競馬で自分はそのファンなのでぜひ招待したいという。正二郎が競馬に行った話は聞いたことがないので恐る恐る意向を伺うと、競馬は自分の府中の別荘近くで行われていて話は聞いたことがあるが見たことはないとのこと。そこでお受けするということになった。ラーマン首相のアドバイスでお付き合い程度の額の馬券を購入した。正二郎は初めてということもあってか、興味津々の様子だった。

佐藤栄作大蔵大臣に頼まれて「よーござんす」と、東京国立近代美術館を建設し寄贈したのは80歳の年だ。82歳の時には久留米市の石橋文化センターの日本庭園寄贈式に出席した。これが正二郎がこよなく愛した久留米行きの最後となった。

87歳で亡くなるまで、正二郎はまさに生涯現役で何時も好奇心旺盛、夢を抱き、企業家精神を失うことはなかった。年齢のことは気にしない。人を年齢で判断しない。体力、気力、能力がある限り働く、動く、社会のために貢献する、このような意識が全身に満ちていた。しかし病魔には勝てなかった。

第7章　脱同族宣言　現代ブリヂストン発展の一大源泉

石橋式ワンマン経営の限界

株式公開のときには、既に頭の中にあったのかもしれない。しばらくすると、正二郎は経営陣に対し同族会社経営をやめる（ブリヂストンで社内的に脱同族という言葉が誕生した）、非同族の経営に転換したいと言い出した。「時間をかけてもよいからうまく脱同族路線を構築してほしい。諸外国のケースも含めてじっくり調査して、良い案を出してほしい。調査に費用を惜しむな、色々な人と相談せよ」。最高幹部で同族の一人成毛収一常務（当時）に対してそんな趣旨を話されているのを筆者は聞いたことがある。

脱同族に踏み切った理由は数々ある。様々な場で正二郎が口にした脱同族に踏み切った考え、思いを要約すれば次のようなことになろう。

株式を上場し、会社の規模が大きくなった。生産しているタイヤなど多くの製品は産業、国民の生活に不可欠なものである。ブリヂストンの活動が直接、間接に影響を与える人は膨大な数に上る。生

トップ交代を発表する正二郎（中央）

産活動がうまくいかなくなれば、自動車産業や輸送産業に与える影響は計り知れない。影響を被るのは従業員やその家族だけでなく取引先をはじめ工場や支店、子会社のある市町にも及ぶだろう。株主は多岐にわたり、その数は膨大である。株主への配慮、責任を常に意識することが求められる。我々の存在はもはや公的な性格なものになっており、一同族の独裁的な経営に委ねられるべきものではなくなっている。これだけの規模、事業領域を経営するには単に同族であるということでは抱えている企業責任を十分果たせるかは疑問である。この際、経営方式を一新する必要がある。有能な人材を広く求め、育て、知恵を出し合い、良いチームを作り、従業員を大事にし、株主に報い、社会の負託に応え得るように日々努力しなければならない――。

正二郎はブリヂストンが同族会社経営で、自分が独裁的に経営していることを自ら認識していた。企画関係者の会議で経営形態を分析して〝石橋式ワンマン経営〟と言及しても何ら反論せず、にやにやして聞いているだけだった。同族経営の抱える問題を自認していた。「同族の中から有能な経営に向いた人間が出るとは限らない。同族内で意見の対立や、跡目争い、権力闘争が行われ、経営陣の中に派閥を作ったりすることもある。企業経営で最も大事なのは協調で、組織が一丸となって動かなければならないときにいがみ合っていたらうまくゆくものではない。株を同族で保有しているうちはまだしも、企業規模が大きくなり、株を公開すれば株主の意向も尊重しなければならない。規模が大きくなればなるほど企業の社会的責任を果たしていく必要がある。公開会社として経営していくにはそれなりの仕組みも考える必要がある。」世間では同族会社のメリットを説く人もいるが、事業規模が大きくなれば限界があ

会長に就任した正二郎（右）と新社長幹一郎

柴本新社長（中央）と幹一郎会長（右）および成毛副社長（左）

る」。こういった見解を経営幹部に対してしばしば口にしていた。

ロゴマークの革新の黒子役

正二郎の脱同族発言は経営幹部に衝撃を与えた。本心は何か、今いる一族はどうなるのか。いつごろまで行うのか。工程表はどうするのか。どんな方式で経営をするのかなど、色々な議論が毎日のように各所で起きた。かつては同族経営だったという会社を幾つも研究してみると、意外に多かった。創業者の名前を社名にしているものが主流だが、昔の財閥系会社には脱同族が目立つ。第二次世界大戦で財閥系は解体され、多くの会社は独立し、公開会社となり、非同族となって進化、発展した。一方戦後創立され同族会社として発展したが、名前を社名に冠せずに、後継社長はいつも一族から選び、同族的経営を続ける会社もあった。正二郎が言うように、規模が大きくなり、公共性の高い事業をしている会社には同族経営では負託に応えられないと指摘する経営者の声もある。

米国でも同族経営は多い。株式を公開し脱同族を口にしても、実態は一族が支配的な経営というところもある。正二郎が尊敬するフォード社を訪問し、フォード財団の事務局長からフォード方式の脱同族経営について紹介してもらったことがあった。「君臨すれども統治せず」を基本に財団が創業者ヘンリー・フォードの遺志を伝承し、社会面で活躍しているとの話を熱心に説く姿が印象的であった。重工業メーカーのクルップ社を含めドイツの同族会社についても何社か研究した。やはり君臨すれども支配せずという考え方が主流だった。創業者の名前を付した財団が社会貢献活動をしている例もある。カーネギー財団、ロックフェラー財団しかり。

ブリヂストンの株式公開は昭和36年（1961）だった。昭和31年（1956）には財団法人石橋財団を設立している。正二郎は自分なりに脱同族の方式を研究していたのだった。「事業家は事業を繁栄させることが取りも直さず、社会・国家に尽くすことになるが、事業活動とともに公共的事業に尽くすことを忘れてはならない」と述べ、手法の一つとして財団法人に注目し、それを設立した。目的は美術、教育、体育の助成・振興により我が国文化の向上発展に寄与する―こと。設立に際しては正二郎所有のブリヂストンの株式の相当数、美術品や不動産を寄付し、財団の役員には一族が名を連ね、非同族化した後の同族の役割を暗示するようであった。

株式公開し脱同族を志向してから約60年、令和元年（２０１９）現在石橋一族は経営者陣に誰一人いない。ファイアストン社買収など様々な課題を乗り越え正二郎が育て、その遺志を継いだ非同族の手で経営は順調に推移している。夢は実現したのである。

脱同族がなぜうまくいったのか。その理由は色々あろうが、少し脱線的な考察をしてみたい。

一つには石橋家の一族がこぞってそれを受け入れたことにある。２代目幹一郎は自ら会社は公器であると、ことあるごとに口にした。芸術家肌で写真はプロ並みだったし、合理的な判断力の持ち主で、脱同族には積極的だった。前述の成毛収一は正二郎の次女と結婚していた。学者肌の進歩的な経営者で、自らも「人間性指向、企業の社会的責任」を提唱し、著作もあった。石井公一郎も正二郎の四女と結婚し経営に携わっていた。国際派で、高次元の判断ができた。２人とも脱同族は当然のように行動していた。３代目の寛は芸術家肌でアメリカ留学の経験者。積極的には経営に参加しなかったし、自分の息子もブリヂストンに勤務させなかった。監査役を務めたが定年だといって職を辞した。以後、石橋家一族は誰も経営陣にいない。誠に不思議というか、幸運というか一族の間で脱同族でもめることはなかった。

この寛は石橋財団の理事長の職に就き、ブリヂストン美術館を進歩発展させることに専念している。新構想の下、アーティゾン美術館と名称を改め、これまでのブリヂストン美術館の軌跡とDNAを礎としてより高い公益性と、未来をつくる美術館としての進化を目指している。美術館の来場者、活動の場もグローバルになった。3代目寛の文化面から世界に貢献しようという思いは実を結びつつある。

ブリヂストンのロゴマークを革新する上で大きな手腕を発揮したのも寛だ。実現の黒子役を果たした。意識する人はいないと思われるが、当時のロゴマーク変更に払った寛の、配慮と貢献はいかほどだったか。ロゴマークの変更は筆者に言わせればまさに脱同族実現の証明でもあった。

ブリヂストンは昭和59年（1984）までの社名はブリヂストンタイヤ株式会社であったが、経営多角化、国際化とともにタイヤを外して、株式会社ブリヂストンとした。その際、会社のシンボルマーク、社章、字体、コーポレートカラーなども再構築、再デザインが実施された。いわゆる会社挙げてのCI（コーポレートアイデンティティ）運動である。一族の幹一郎、寛も深く関与した。

ブリヂストンのシンボルマークはキーストン（要石）と呼ばれているもので、戦前から極めて伝統的なものであった。創業者正二郎以来、要石の中の略字BSは当たり前。正二郎が精魂込めてつくり上げた会社のシンボルを変えるのには、育てられ仕えてきた人たちに対する強力な説得力が必要だっ

ブランドシンボルの変遷

た。寛のロゴマーク革新の提案は受け入れられた。ブリヂストン社史には出てこないが、脱同族路線のスムースな展開を促進する上で力になったのではないかと感じている。

もう一寸脱線してみたい。国際化が進展すると、ロゴマークもグローバルな視点で再検討する必要性が出てくる。日本国内で気楽に使用していた言葉、特に日本語化した名前には本来の英語では使用不適、相手に不快な印象を与えるものがしばしばあるのだ。実はブリヂストンの略称ＢＳもそれに該当する。ＢＳはBull Shitの略語で、「ナンセンス、くそー」といった意味で日常使用され、「あいつはＢＳ」という場合には、「あいつはいやなやつ」という意味がある。ブリヂストンではＢＳを社名以外にベストサービス（best service）のことだとしていた。国内ではブリヂストンを「ＢＳさん」など親しげに呼びかける人もいるが、アメリカ人には不思議な印象を与える。このCI運動以来、現在米国内ではBSという文字が消え、使用が差し控えられているようだ。グローバル化に伴って社名や、商品のネーミングを考える場合には言葉の持つ意味について幅広い検討、注意が必要になる。

「黒手帳」が成長導く

脱同族を聞いた経営陣は本当に驚いた。日頃同族経営に批判的な人々も自分の耳を疑ったという。正二郎の判断を信じ、ただ一筋に従い頑張ってきた周囲は途方に暮れてしまったのである。その困惑の中から新路線構築への模索は動き出した。

幸運なことに、新路線に道筋をつけ推進できる人物が社内にいた。それが前述した成毛収一だ。正二郎は将来の脱同族を見据えて適任者を選んでいたのだろうか。成毛家は明治、大正の経済史にも登場する。実業家を出し、成金という言葉は成毛の〝成〟から来たのだというまことしやかな説もあるくらいの資産家だったという。ヘボン式ローマ字の創設者ヘボン博士を支援したことでも知られる。その成毛家に生まれ、国費ドイツ留学を戦争のために果たせなかった英才でもあった。銀行マンだったが正二郎に請われてブリヂストンに転職した。

成毛は正二郎の経営理念や方式をまず研究してみようと、社内スタッフを集めて勉強会を立ち上げた。その成果をブリヂストンの社内研修誌「ＢＳビジネス」昭和38年（１９６３）８月号[1]に特集として発表した。正二郎の経営の特質、ビジネスの展開の仕組み、経営施策と反省などについて、多面的かつ率直に解説し、まず３つのポイントにまとめた。

① ブリヂストンの成長期のシステムはワンマンコントロールの良いところを生かす手法だった。社長の下すべてがオールライン組織で構成され、スタッフがいない。決定と執行に迅速性があり弾力的な経営が行われた。意思決定者がはっきりしていたから、打つ手はすぐ打てる。もちろん、そのために重大な政策決定には専門家の意見、助言をよく聞く努力をした。

② 常務会制度と呼ばれる幹部会議で重要事項は議論、検討したが最終決定は正二郎が行った。執行面では大幅に権限移譲をする一方、販売部門や製造部門の幹部からは１ページレポートと称する報告書を毎月提出させるよう制度化し、現場の実情をトップが直接把握し、次の施策に反映させた。

③ 久留米で事業を起こした正二郎のフロンティア精神を全社的に進めることが求められ、その態勢が整っていた。ブリヂストンにはパイオニアとしての正二郎に対する絶対の信頼感がある。

成毛はさらに「ブリヂストンのこれまでの発展、成長の根本的な理由は正二郎の経営手腕にあった。

1 ＢＳビジネス特集号１９６３年８月　経営施策と長期計画について　常務取締役成毛収一

今後の経営には何が必要か。それはワンマンコントロールに代わるもので、その一つが長期経営計画の策定」と表明した。脱同族路線へ向け長期経営計画に視点を置いたシステムを基盤にすると打ち上げたのである。

当時日本の経営の近代化に必要だとして、長期経営計画の導入が力説され始めていた。実は正二郎は自分一人で長い間それを作成していたのだ。その存在はごく一部の側近にしか知られていなかったが、黒手帳と呼ばれていた。正二郎の死後、分厚い黒手帳が多数発見された。内容は濃く綿密で多岐にわたっていたという。5年、10年先までを洞察し、情報、知見、経験、勘をベースに、毎年夏になると軽井沢の山荘に1カ月ほどこもって作成された。軽井沢は夏には避暑にやってくる事業家、政治家、学者、外国人など一流人が集まり一大情報交換、学びの場となる。ブリヂストンの幹部も事業報告に山荘を訪問し、懇談する。正二郎はこのような環境の中で情報を入手し長期経営計画の作成に取り組んだ。黒手帳には思いや、留意点、人物評価なども具体的に記載されているようだ（黒手帳の存在は確認されているが非公開）。これが毎年部分的に示され、それが実行計画となって、事業が展開される仕組みになっていた。事業計画を作成、執行する者がいち早くこの黒手帳の中身を知りたいと思ったのは当然だろう。成毛は、この黒手帳の存在と経営計画作成の方式を知っており、その重要性にも気付いていた。時代が変化し、事業規模、領域が拡大していくと、正二郎一人の洞察力や勘、経験だけでは限界がある。組織を挙げて計画を策定する必要性について強く認識していた。

成毛収一は脱同族後のブリヂストンの経営基盤は黒手帳による正二郎式の長期経営計画作成を核とするのがベストではないかと考え、ポイントを次のようにまとめている。

すなわち正二郎が一人で作成していたものを組織的に専門スタッフに担当させることとし、社長室を専門組織として担当させる▽長期計画の性質を努力目標の設定を基軸とし、新しい努力目標の策定、設定も行う▽長期経営計画に含め、推進するものとして組織構造の改革、日本的な人事慣行の改革、スペシャリスト活用、経営政策面・執行面での権限移譲の推進、資本コストの削減、アイデアを自ら出して、ワンマンに頼らずにやっていける経営者の育成―など。これらは脱同族後の経営路線を構築する上で顧慮すべき重要な点とされた。

正二郎に学ぶ　経営学からの考察

【同族経営】同族経営の良しあしを論ずるのは難しい。１００年以上の歴史を持つ企業には同族経営が多い。いわゆる老舗と呼ばれ、成功し曲がりなりにも存続している。しかし一般的には規模が大きくなり、事業領域が拡大するにつれて同族経営には色々と問題が浮上し、発展の阻害になることが多い。創業経営者は、正二郎のように同族会社の良い点、悪い点を冷静に判断し、脱同族で行くのか、経営を他人に渡すのか（買収、合併）、いつも自問自答することが必要だ。三井、三菱、住友などは上手に脱同族した。正二郎は時間をかけて行ったが、本田宗一郎氏はすっぱり、あっという間だった。日頃トップの座にいる間に事業継承をいつも考えることが肝要だ。

【後継者難】　後継ぎがなくせっかくの事業をやめる人が日に付く。事業を起こし軌道に乗せるのは大変だが、会社を畳むのもさらに大変である。自分が育てた会社を企業理念を共有する会社に売却し、数十億円を手にした人がいる。この金の使い方を考えて結局、自分が世話になった市に美術館を寄付することにした。ある人は会社を同業他社に、数百億円で売却した。しかし金の使い方が大変だという。正二郎やロックフェラーも言うように「お金を使うのは難しい」。その人はスポーツ教育の支援をしたいと、財団を設立し社会貢献の活動を視野に入れているという。

【後継者難はなぜ】　事業継承は色々な角度から議論し詰めることになる。なぜ後継者がいないか。一つは日頃問題を意識せず、育成してこなかったからだろう。その企業に魅力がなく、将来性がないということもある。農家の後継者難の一因は収入が低かったということもある。所得が年間1000万円以上ある農家では後継者問題は少ない。商店街でも同じである。高収入が期待され将来性のある魅力的な同族会社では跡目争いがしばしば起こるが、もうからない同族会社では後継者の回避行動が始まる。非同族経営の会社では後継者育成に意を用いている。

【専門的経営者】 正二郎は素晴らしい経営者だった。誰でもなれるものではない。生まれつき経営者の才能を持っているという人もいる。同族経営の会社が外部の人を育てて経営者にすることもある。資本と経営の分離の下では資本家は経営にタッチせず専門的経営者に任せる。資本家であり経営者であるのが同族会社の経営者である。少額の元手から起業し、成功して蓄積が進むと資本家的な存在ともなる（株を上場して売り、資金を手にする）。資本を持った経営者あるいは株の大部分を所有する経営者に対して、入社後の教育と経験を積んでトップになる場合はサラリーマン経営者ともいわれる。

【MBAの出現】 アメリカの会社には専門的な経営教育を受け、色々な会社で経験を積み、経営を専門とし経営者として招かれる人が多い。経営者としての基本的な専門知識、技法を教育するのがビジネススクール（経営学大学院）である。経営学、会計学、リーダーシップ、マーケティング、経済学、経営戦略、人事労務管理、財務管理、研究開発、情報理論、企業法務など経営者として身に付けなければならない基本的な知識、技法を教える。卒業生はMBA（経営学修士）保持者と呼ばれる。日本でも近年このMBAに注目が集まっている。日本の大方の企業では様々な部署を経験させ、職場研修により時間をかけて経営者を育成する例が多い。経験を積み、業績を残した者が経営者への階段を上り、年を積んで専門経営者になる。アメリカのビジネス社会とは専門経営者を育てる背景がかなり違う。MBA教育は日本でも導入されてはいるが、なお主流は伝統的な育成法である。

【実践的経営者論】　経営者とは何をする人なのか、経営とは何か。どのような能力が必要なのか。そもそも経営は学ぶことができるのか。求められる素質、知識は何か。これらの問題に答えるのは容易ではない。しかし、正二郎の生い立ち、事業家としての行動、発言、手法、業績を見るといくつかのヒントは得ることができる。ポイントを挙げると――。

①　正二郎は商業学校を優秀な成績で卒業。ビジネスに必要な基本知識、実務知識を習得し、学びの方法を体得していた。独自の考え方、理念で判断、行動することを学校時代に身に付けていた。強調したいのは付和雷同しないことを主義としていたことだ。

②　「志まや足袋」の経営を17歳で任された。持ち前の合理主義で丁稚奉公経営の問題を見抜き、改

革して成功。成功体験で経営のコツを体得した。

③　地下足袋の発明で、社会のニーズに目を付けることを習得、イノベーションの手法を学ぶ。宣伝に自動車を活用してその重要性を知る。

④　人の活用を学ぶ。自分より優れた人を活用し、人間主義で生活向上に寄与することを実業家の使命とした。〝できない人はいない〟を信条に、適材適所を重視、人が喜んで働くことの探求に心掛け、実践した。人財活用論に焦点を当てた経営を心掛けた。

⑤　必要な知識、情報、技術は第一級のものを取得する。人から学ぶ、行動し、経験し学ぶ。色々な分野の人と積極的に接し、話を聞いて学んだ。国際的な交流、国際意識で先進国の文化、新知識、新技術を自ら学んだ。

⑥　自分の前に起こっている社会、経済事象から時の大きな流れを読み、将来を洞察することを心掛けた。

⑦　事業とは何か、経営者の役割は何か―を自問自答し、企業利益の源泉は社会貢献にあるとした。「世の人々の楽しみと幸福の為に」という理念を掲げた。

正二郎の経営者としての思考やアプローチはＭＢＡ教育にまさに通ずるものといってよい。経営学の学び方に事例研究（ケースメソッド）と呼ばれる方法がある。正二郎の実行してきたこと、唱えてきたこと、事業展開をベースに討論する事例研究は、まさに素晴らしい経営者論となろう。経営者として不可欠な、データに基づくアプローチも特筆される。どこで習ったのかと思うくらいにデータ分析が得意で、財務分析、管理会計などというまるでＭＢＡの課程を自ら習得し、長期計画の目標設定にも使用していた。利益目標や内部留保の設定、企業の成長目標なども自ら作成し幹部社員に明示した。工場の生産性、品質管理、事務能率、資金管理などの企業活動の成り行き報告や評価にはデータを要求し、合理的な実態把握に努めた。経営会議はいわばＭＢＡスクールのような場でもあった。正二郎の下で有能な経営者が数多く誕生し、脱同族路線がうまく軌道に乗ったのは、このようないわば見えざる「石橋学校」とでも言うべき存在があったからといえよう。

第8章　デミング賞の受賞活動と非同族路線の構築

日本初の総合的品質管理

戦後の日本の製造業にとって安かろう、悪かろうといわれてきた製品に対する国際的な品質イメージの払拭が大きな課題だった。当時アメリカ製、ドイツ製は高品質イメージで群を抜いていた。多くの企業は欧米から最新の技術、製造設備などを導入し、資本提携した。合弁会社の設立を通じて懸命に品質向上や新製品開発、国際競争力の獲得に努めた。ブリヂストンも例外でなく、正二郎はグッドイヤー社やバイエル社などその道の一流会社から積極的に技術導入を図り、品質向上を目指した。

今日、日本製品に対する評価は高く、誠に昔日の感があるが、この高品質イメージを獲得するために様々な努力、仕組みづくりの取り組みがあった。その頃アメリカでは統計的な手法に基づく品質管理の技法が開発されていた。統計学者ウィリアム・エドワーズ・デミング博士は戦後、日本に招かれ国勢調査の指導に加わった。統計的な品質管理の技法を紹介し、その効用を説き戦後の日本の品質管理運動に大きく貢献した。デミング博士は品質管理について指導、講演を重ね日本科学技術連盟と深い関係を築くことになる。デミング賞は、日本の品質管理運動への博士の貢献をたたえ、日本科学技術連盟が昭和26年（１９５１）に創設した。博士から寄付された印税を基に、総合的品質管理（ＴＱＭ）を実施している企業に授与されることになった。賞の創設以来、日本を代表する企業が受賞に挑戦しており、最近は海外企業の受賞例もある。一般にはなじみが薄いが、デミング賞は品質管理活動に全社的、総合的に取り組む会社に与えられる最高の栄誉と産業界では受け止められている。

デミング博士は単なる統計学者ではなく、経営学にも造詣が深かった。品質は工場のみで作られるものではなく、経営全体の問題、経営トップの経営理念と深く関係することを力説した。品質向上には全社的な取り組みが必要だという考え方である。この考え方は日本の経営者に大きな影響を与えた。それまでは品質は工場現場での作業に関係するという考え方が強く、新式の製造機械設備、技術、作業者の訓練によって品質は向上すると考えがちだった。賞の創設で、多くの日本企業の品質水準は目覚ましく向上し、成果は内外で大きく評価された。アメリカではこの運動に驚いたが、デミング博士の知名度は低く、「デミング？誰のこと」と問われる始末だった。デミング賞に対抗して１９８７年にはマルコム・ボルドリッジ賞が議会で論議の上制定され、遅ればせながらアメリカでのＴＱＭ推進運動が始まった。

デミング賞実施賞メダル

飽くなき挑戦の末に

　ブリヂストンは品質改善、国際競争力の獲得に熱心であり、デミング博士の主張に注目していた。さらに各方面から、よくよくその考え方、取り組みを検討してみると、これは創業者石橋正二郎の経営哲学、手法そのものではないかという声が挙がり、デミング賞受賞に向けて取り組みを始めた。昭和27年（１９５２）、28年と挑戦したがかなわず、仕切り直すことになる。昭和37年（１９６２）に昭和41年（１９６６）を目標として再度挑戦することを決定した。

　当時社長だった石橋幹一郎は社史の中で正二郎の経営路線を次のように分析している。「当社をここまで発展させた創業者の頭の働きとその実行をＱＣ（品質管理）に照らしてみると、デミングのサイクルそのままの活動が行われていたのを痛感したことである。すなわち現実を直視し、それをデータで把握し、そのデータを層別、分析して、問題の核心を掴み、その核心をズバリ解決するための方策と目標を決めるや、直ちにアクションを起こし、そしてものすごい勢いで業績改善を図ってきている」。そして「QCの根底には日本人の血にはない合理性、いわば契約思想に基づく合理性がある。我々が、実際にこのような考え方に従って行動しない限り現実には国際企業と競争することは不可能である」とも述べ、デミング博士の説くTQMが国際化時代に不可欠と強調した。さらに「TQMのTは〝皆でやる〟ということで、これこそ全社で協力、持てる力を総結集するのに最も適切な方法である」とした。

デミング賞実施賞を受賞

　幹一郎社長の意を受けて、ブリヂストンは脱同族とデミング賞受賞を目指した活動を推進していくことになった。TQM導入活動を

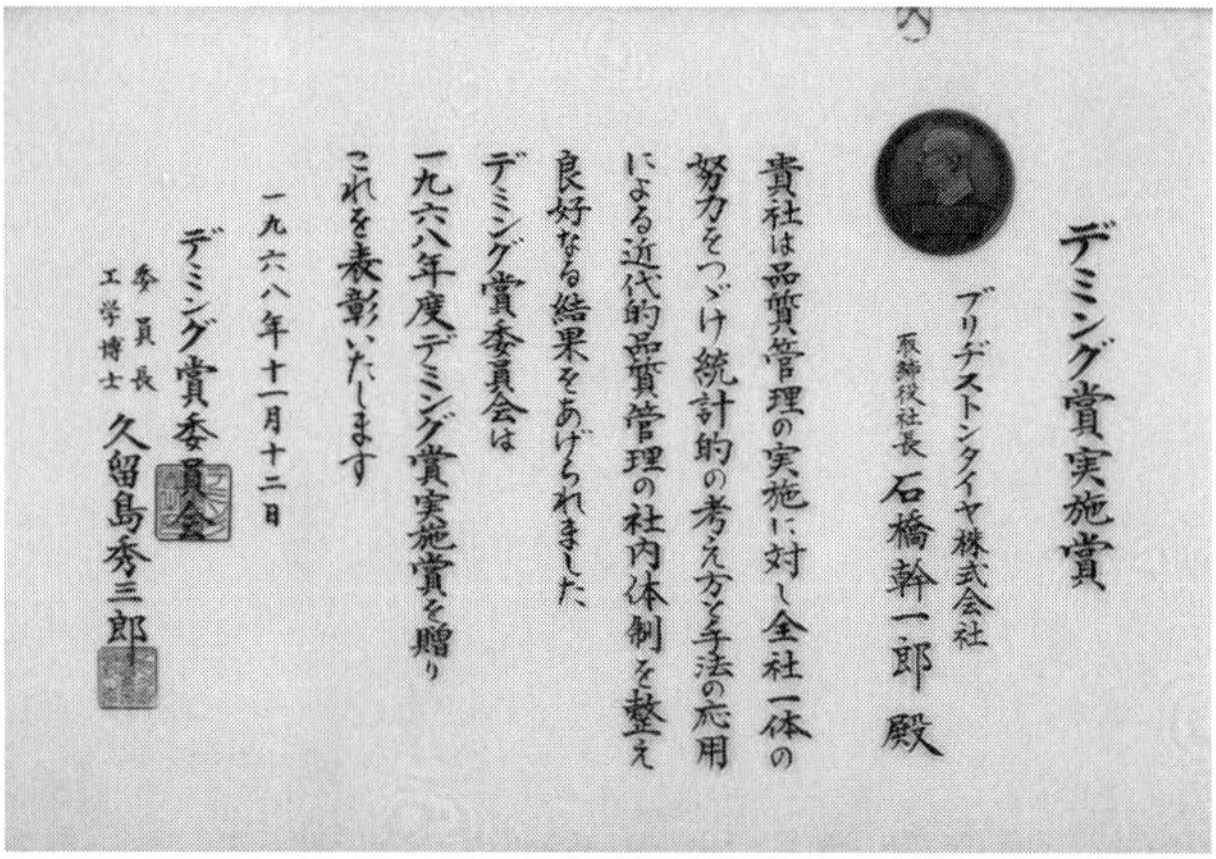
デミング賞実施賞
ブリヂストンタイヤ株式会社
取締役社長 石橋幹一郎 殿
貴社は品質管理の実施に対し全社一体の
努力をつゞけ統計的の考え方と手法の応用
による近代的品質管理の社内体制を整え
良好なる結果をあげられました
デミング賞委員会は
一九六八年度デミング賞実施賞を贈り
これを表彰いたします
一九六八年十一月十二日
デミング賞委員会
委員長
工学博士 久留島秀三郎

デミング賞実施賞

独自に「デミング・プラン」と命名、昭和39年（1964）10月にデミングプラン推進本部を設置し、本社各部門、工場、支店には推進委員会が設置された。だが、受賞までの道のりは順調ではなかった。幹一郎が掲げた目標年度は創立35周年の昭和41年（1966）には間に合わず、実際に受賞できたのは昭和43年（1968）10月。受賞に2年続きで失敗してから15年目であった。

　工場部門では従業員が統計学の考えや手法を学ぶのが大変だった。現場には統計学的知識は無縁のものだったし、大学卒の職員でも事務系には未知なる学問であった。データの作成、分析法についての理解には教育、研修を要し、現場には拒否感が醸成された。

　営業部門では営業活動がなおざりになる、デミングプラン活動に時間を取られ顧客が奪われる―などという声も上がった。データ分析や実例発表は負担となり日常業務が阻害され仕事ができない―などいう苦情のほか、デミングプランは実態を反映しておらず作文にすぎないとの批判も出てきた。そもそも面倒くさいという声や、伝統的なトップダウンの経営を懐かしがる声まであった。しかし教育は繰り返し根気よく行われた。そうしているうちに、現場の社員の学ぶ意欲は徐々に高まった。もともと日本の基礎教育には初歩的な統計学の知識、技法の土壌があった。現場のＱＣにはまじめさ、几帳面さが不可欠で日本人の気質にも合っていたのだろう。

幹一郎社長は昭和41年（１９６６）に受賞を目指した活動をいったん見合わせたが、翌年に再開し、昭和43年（１９６８）に受賞を果たす。デミング賞受賞と脱同族路線の道は険しかったが、その過程で色々なものが誕生し、創業者の志、哲学、手法はＤＮＡとして浸透し受け継がれた。

新たな社是の制定と方針管理

正二郎は創業以来、自分の事業経営の目的は「世の人々の楽しみと幸福の為」という言葉で説明してきたし、故郷久留米市に文化センターを寄付した際にはこの言葉をセンターに掲げた。元々戦前に「産業報国、工業報国、事業一家、職務精励」との社是もあったのだが、さらに社員全体で、企業目的達成を目指せるような社是を工夫をしたかったようである。

デミング賞取得に向けた活動を計画する過程で、新しい社是の制定は持ち上がった。品質向上に全社的に取り組むことを全社員が意識し創業者の理念を盛り込んだ表現を求めて、内外の企業の社訓、社是の調査、研究が行われた、社是審議会が設けられ多くの候補が提案された中から「最高の品質で社会に貢献」が極めて的確な表現であると評価された。正二郎が日頃社員に説いていたことが社員の心の中に凝縮されていて、それが自然に浮かび上がったような文言。社是審議会に居並ぶ経営陣は即座に賛同した。報告を受けた正二郎も即決し、その日のうちに自ら筆を執り新しい社是を半紙に書き上げた。

社是決定と、その場の雰囲気は全社に伝わり、脱同族の第一歩が敷かれたという思いが広がった。ブリヂストンの社史は次のように解説している。〈創業者自らの経営理念を核としたこの新社是は、全社一体となって〝最高品質の製品を作り〟広く社会の発展に貢献すること〟を最大の眼目としている。「製品の品質は生産、技術、管理、販売を含む全従業員がそれぞれ自分の仕事の質を最善に保つことによってのみうまれる」ことを、この社是では明確に表現した〉。「良い品質は良い企業体質からのみ生まれる」という考え方を、全従業員が理解して業務に励み、それを通じて皆で社会の発展に寄与しようと経営陣は呼び掛けた。

新社是が社内で正式に公布されたのは昭和43年（1968）1月1日。正二郎が引退する5年前に自ら新社是を承認し、制定したのだ。この新社是は経営に創業者のＤＮＡを植え付ける上で大きな働きをしたといえよう。

成毛収一常務（当時）はデミング賞受賞を目指した活動の総指揮官であった。推進のために標語や手法、ツールを開発した。成毛はこの際、ブリヂストン式の固有のマネジメントシステムを構築して目玉にしたいと考えた。その基となったのが、黒手帳による経営計画作成の手法であった。黒手帳で毎年示される方針を執行部門が実施▽報告制度で現場の成り行きや問題点をチェック▽方針・計画に必要な修正と転換を行う─という一連の流れが年間または一定期間を通じて循環的に展開されていることに着目したのである。

この流れは経営学ではＰＤＣＡ（プラン、ドウ、チェック、アクション）と呼ばれ、このステップを順に追う循環的な行動を、ＰＤＣＡサイクルという。ビジネス活動をチェックする場合、このサイクルが適切に回っているかを見て経営活動の適否を判断するのだ。ビジネス関係者の間ではよく耳にする用語だが、戦後の日本ではまだ、この概念が十分に認識されていなかった。正二郎も口にしていたわけではなかったが、成毛は正二郎の経営を分析研究しＰＤＣＡの存在に気付き、企画スタッフに検討させた。その結果生まれたのが方針管理制度というシステムだった。

従来、ブリヂストンの経営方針はトップの正二郎が出すもので、従業員はそれをひたすら実施するよう努めた。中には計画性を欠くものもあり、整合性も不十分なものもあったが、あえて問題にされなかった。計画に従業員が参画したり、自主的な提案を行ったりする仕組みも欠き、組織的と言えない面も見られた。これらの是正が検討され、誕生したのが方針管理制度で、長期経営計画制度とともにブリヂストンをデミング賞受賞へと導いたのである。

方針管理制度では社長方針書が示されると、年度別（上、下半期）の方針書を、部長以上の管理職は作成する。課長、主任は実施計画を作成し、管理ポイント一覧表に基づき実施状況のチェックを行い、ＰＤＣＡサイクルが組織的に回るようにシステム化された。

このようにシステム化された方針管理制度は当時知られておらず、ブリヂストンはパイオニアではなかったか。開発には企画スタッフが工学系の経営学者に相談したり、経営学の基本を勉強したりするなどして独自性を打ち出した。

デミング賞受賞活動で検討された長期計画は黒手帳から脱皮し、長期経営計画委員会で作成し長期経営計画審議会で審議の上、社長が決定することとなった。方針管理制度の採用と新長期経営計画制度によって、ブリヂストンの脱同族路線の新経営システムは出来上がった。

一寸脱線

当時東大教授の石川馨氏からこの方針管理制度の構築に関して指導、助言を受けた。石川教授は、このアプローチに強い関心を示されたという。システム化で、規定、マニュアル化、様式化を中心的に行ったのは〝雨にも負けず〟の詩人宮沢賢治の甥だった。あらゆる雑音に負けず彼は方針管理制度のシステムを構築した。何という縁だろうか。

事業所、職務ごとに研究発表会

デミング賞受賞へのプロセスで、ワンマンコントロール経営からの脱却の困難さが痛感された。従業員はトップダウン経営に慣れ創業者の経営手腕を信頼し、黙って付いていけばいい、何とかなるといった依存心に染まっていた。それを自ら考え、提案、計画し、実行するように仕向けるにはどうしたらよいか。非同族化していく中で、伝統的なブリヂストン社員をどう積極性を育み新社是「最高の品質で社会に貢献」を推進していくにはどうしたらよいかが問われていた。

検討の結果誕生したのが、事業所や職場ごとに実施するデミングプラン研究発表会である。職場の様々な問題をデミングプランの方法で解決した事例を発表することになった。自発的に創出したアイデアで仕事を能率的に行う新システムや手段を開発したり、改善案や新製品、新サービス、新事業等の提案を促したりするもので従業員の自発性につなげるきっかけとなった。研究発表会は長期計画、方針管理と並んで誕生した脱同族経営の基盤をつくる柱とされた。

ブリヂストンがグローバル企業となった現在でも、このデミング賞受賞に向けてつくり上げた幾つものシステムが継続されている。世界中のブリヂストンの職場には社是が掲げられ、デミングプランを継承したＴＱＭ活動が展開されている。平成30年（２０１８）9月にはデミング賞受賞50周年記念のＴＱＭ大会が全世界から３２６名を集めて東京で開かれた。平成31年（２０１９）には久留米の石橋文化センターで国内事業所のＴＱＭ大会が開かれた。センターを寄付した正二郎はこの発表会にきっと驚いているだろう。

一寸脱線

品質は一日にしてならず

筆者はデミング賞受賞50周年記念の大会に出席した。東京のグローバル・モノづくり教育センターで開催された。トップ経営陣も参加し、色々な国の職場から来た社員が英語でデミングプランから進化したＴＱＭによる事例を発表。和気あいあいとした様子に深く印象付けられた。創業者の言う〝自奮、自励〟の考え方がそこに生きていた。仕事に臨むには自発性が重要で、いわゆる〝やらされ感〟で動いている職場は活気がない。創業者の経営手法、哲学とデミング賞の受賞との関わりを強く感じた。

受賞から50年経っても毎年繰り返しＴＱＭ活動は各地で実施されている。昭和38年（１９６３）から平成30年（２０１８）までの実施回数は通算１４８回に及ぶ。その〝ねっちっこさ〟には舌を巻く。継続は力なりということか。「品質は一日にしてならず」。

虎の巻となったデミングプラン

優れた品質は工場の現場だけでなく全社的な取り組みから生まれるものだから、全社員が統計的な知識や分析、目標設定、問題解決法、ひいては経営の仕組みを理解する必要があった。しかしこれは容易なことではなく、デミング賞受賞を目指す上で最大の課題でもあった。そこで誕生したのが1冊のパンフレット。41ページの薄い黄色い文庫本くらいの大きさだが、これ1冊読めば誰でも合格できる虎の巻が作成された。題して〝デミングプラン〟。本書は英訳されていて全世界のブリヂストン社員が手にすることができる。パンフレットを開くと「最高の品質で社会に貢献」と創業者石橋正二郎の揮毫《きごう》した社是がまず目に入る。

デミングプランの基本的なポイントは5つ。これを紹介しておく。

① PDCAを身に付けよう。すべての仕事に活用できる基本ステップ。プラン（計画）、ドウ（実行）、チェック（検討）、アクション（処置）の繰り返し。

② 5W1Hを活用しよう。Why（なぜ）、What（何）、Who（誰が）、When（いつ）、Where（どこで）、How（どのようにして）の英語の頭文字でまとめたもの。仕事をするときにこの5W1Hでポイントを押さえるとやりやすい。

③ 生きた標準化を進めよう。部署ごとに仕事について標準を作り、品質の標準を決める、行動の標準を決める。それを皆で守り、さらにより良い標準を求めて改善する。

④ データでものを言おう。事実を正しく掴むためデータを使用する。皆で使用する共通データの作成が必要。

⑤　重点管理を行う重要度の高いものに目を付け、順次ＰＤＣＡのサークルを回して仕事を進めること。

基本的な統計手法としては七つ。七つ道具に例えてもよい。層別（データを用いて同じような性質の項目を整理する方法）▽管理図（いつも注意して管理する点、異常点をデータで把握して判断する。グラフを活用するもの）▽ヒストグラム（度数分布表ともいう。問題点をいくつかの要因別に把握する）▽パレート図（改善の重点の発見に使用する。問題点をデータを用い重点項目別に棒グラフを書き把握する）▽相関図の作成法（集めたデータの相関関係を把握する方法）―。この５つがパンフレットに事例を示して簡単に説明されている。学生時代に統計学について少しでも学んだことのある人には分かりやすい。ただ、現場の作業者にこの統計的手法を習得してもらうのにはかなりの努力と工夫が必要と思われる。

さらに道具の１つは方針管理の中の実施計画表の作成法。課長や主任が作成するものだが、その基本図表が示されている。この図を使用して日々活動する。ＰＤＣＡや統計的な手法の活用がベースになる。もう１つは特性要因図の作成法。これは作成すると魚の骨組みのような図になるので、魚骨図表など色々な現場的俗称が生まれた。問題解決、改善のために原因分析を職場で討論しながら、また、色々なアイデアを出し合いながら解決策、課題を求める上で活用されている。

デミング・プラン全社研究発表会

デミング賞の受賞と新経営文化の誕生

正二郎が事業家としてスタートしたのは17歳、ブリヂストンの経営者としての在任期間が一番長い。17歳から84歳までの実業家、経営者としての経歴、業績、経営手腕については誠に筆舌に尽くしがたい。脱同族の思い、経営思想、経営方式のDNAはこのデミング賞受賞活動によって敷かれた新路線で、巧みに引き継がれることになった。現在のブリヂストンの経営陣には同族は一人もいなくなった。非同族の経営陣により「最高の品質で社会に貢献」という新社是を掲げ、グローバル企業に発展し、業界一の座を獲得し好業績を上げるに至っている。まさにこれは新デミング効果と呼んでよいのではないか。賞受賞の50年後にもブリヂストンがいまだにＴＱＭ大会を開き、最高の品質で社会貢献に精進し、脱同族路線を歩んでいる姿に、デミング博士は天国から拍手しているのではないか。

正二郎に学ぶ　経営学からの考察

【ＫＫＤ】　デミング賞受賞に向けた活動でブリヂストンが身に付けた、統計学的な手法、データ活用は情報化時代では当然のようになっている。ビッグデータ、データマイニング、データ分析などデータと名の付くビジネス用語も現代社会にあふれている。

ただ、日本の多くの経営の場に「勘と経験」と「度胸」をベースとするいわゆるＫＫＤ経営が今だに散見される。ブリヂストンがあえてデミング賞受賞のため長年にわたって活動を続けたのは組織の中にＫＫＤ的な要素を克服するためだったからでもある。

【ＰＤＣＡ】　デミング賞を目指して正二郎が無意識的に実施していたＰＤＣＡ、それが計画的な経営あるいは行動には不可欠なものであることをいち早く認識したのは非常に賢明であった。ＰＤＣＡは経営学の基本であるとされているし、自動化の基礎でもある。日々の人間行動を分析するとＰＤＣＡとなっている。それは経営学の基礎といってよい。デミング博士は統計学者とされているが経営学の学者でもあったのである。

【ＣＳＲ運動】　ＣＳＲ活動　ＣＳＲ、すなわち企業の社会的責任論は世界的に広がり、多くの企業が社是に社会貢献をうたうようになった。モットーやミッションには社会的貢献を前面に打ち出している。奨学金制度を設けたり、一定の金額を社会福祉活動に寄付したり、災害時の義援金募集に参加したりなどを企業が日常的に行うようになった。正二郎はそのモデルを示した先駆者の一人といえよう。

【方針管理制度】　目標管理制度と称して実施している企業もある。方針管理制度はトップが方針（目標、理念、ミッション、重点管理目標など）を示し、それを各部門がアイデア、新システムの活用、人材活用に留意して実施するもので、全社的な取り組みがベースとなる。一人一改革運動など、提案制度と組み合わせ、行政改革や大学運営などにも活用されている。静岡県の行政改革の特徴もここにある。毎年行政マンが多数の改革提案を行っている。

【方針の質の管理】　トップの出す方針が基本で、その質の良しあしが企業が生む結果を左右する。製造現場でコストを下げようとすると、品質が低下することがある。一方で品質向上した方がコストが下がるという話もよく聞く。正二郎は品質の高い物を顧客に供給すれば製造コストも下がると断言している。お客さんは良い物は買ってくれるからだと。正二郎が発明した地下足袋、運動靴はその証しだった。

【良い品質とは】　地下足袋の場合は耐久性で、草履や足袋を使用する生活コストが激減した。地下足袋や運動靴が普及すると、草鞋や足袋への支出は地下足袋や運動靴に向けられ、履物の新市場も誕生した。

【顧客が求める品質】アメリカで日本のデミング賞に対抗してマルコム・ボルドリッジ賞が制定された際、品質とは顧客が求める品質であることが強調された。これは極めて重要かつ悩ましい問題である。日本の品質管理には供給者側が品質を定める傾向が強い。顧客が求めている品質とは何か。コストに見合ったもの、使いやすいこと、合理性、耐久性、安全性、費用など色々な視点、立場、行動を研究し、それにまず対応するアプローチが重要だ。

【顧客とは】ブリヂストンは、お客様とは、会社の製品を使用する人ばかりでなく、広い意味で捉えているところが注目される。製造現場の前工程で作ったものは後工程の人が使うのでそれはお客様、ということになる。受付の人にとって客はすべての訪問客である。工場部門にとって販売部門はお客と捉えられる。仕事の改善・改革を考える時にも役立つ、必要なアプローチの一つで、良い職場のチームワークづくりにも不可欠だ。

第9章　マーケティング革新　2キロに1店ブリヂストン

ガソリンスタンドでタイヤ販売

多くの人がガソリンスタンドでタイヤを売っているのは当たり前だと思っているかもしれない。タイヤの販売は専門店が担当するのがかつて常識だったが、モータリゼーションが始まりマイカー時代が日本に到来すると、正二郎は新しい流通システムとしてガソリンスタンドを考えていた。一族の経営幹部石井公一郎がアメリカでそうした状況を報告していたこともあり、目を付けたのである。当時としては画期的なことだった。タイヤを保管する箱やタイヤ交換に必要な道具、設備を配備し、必要な技術の研修も始めた。顧客が一番タイヤを購入し易いのは行きつけのガソリンスタンドであった。タイヤを在庫するために開発したタイヤデポジター（タイヤ保管箱）はブリヂストンの看板の役割も果たすことになったし、デポジターを配置すれば在庫用の出荷が生じ、売り上げ創造につながった。これが販売促進に大きく貢献した。ガソリンスタンドでのタイヤ販売はまさに業界の流通革命であった。驚いたことに正二郎はこのタイヤデポジターの設置状況を自ら見て回り、進んでいないと支店長を呼んで督促したという。

2キロに一店　黄色い看板

正二郎が長く活用した宣伝ツールにホーロー（琺瑯）看板がある。黄色の看板に黄色や赤い文字でブリヂストンの社名を書いたもので、アサヒ地下足袋の宣伝で成功したことからタイヤ販売にも積極的に使った。看板部隊と称する専門部署を設け、昭和28年（1953）には1万8000枚を取り付けて回った記録があるくらいで、合言葉は「2キロに一店ブリヂストン」だった。正二郎自ら看板の掲示状況を見て回るので、運転手にルートを聞き出し、沿線に看板をもれなくかけたとか、正二郎がよく出かける軽井沢までの主要道路には特に念を入れたなどの秘話もある。正二郎は「ブリヂストンはお客のニーズにいつでもどこでも応えられます。パンクで困ればブリヂストンが近くにいます」というメッセージを伝えたかったのだといわれている。

正二郎が看板で力説していたのはホーローが長持ちすることと、何回も見てもらえれば名前は覚えてもらえ、ブリヂストンの知名度は上がる、というものであった。もう一つは黄色を統一的にかつ徹底的に使えということである。今でいうコーポレートカラーの考え方で、黄色と赤を巧みに使い分けた。社内では「黄な色看板」と俗称されていた。黄色は社内で使用する筆記具にも使用された。デミング賞受賞活動に使用した小冊子のカバーも黄色である。コーポレートカラーは昭和59年(1984)に赤(ブリヂストンレッド)、黒、白に変更され、現在は黄色は使われていない。

看板重視の路線は今も守られているように見える。野球場、飛行場、主要幹線道路、鉄道駅などでは大型の看板をよく目にする。

唱歌になったCMソング

正二郎は音楽好きだった。久留米市の小学校に鼓笛隊用の楽器を寄付したり、ブリヂストンの久留米工場にはブラスバンドを編成させたりしている。創立25周年記念行事ではこのブラスバンドの伴奏の下、久留米の町を二千数百名の社員とともに一緒に行進した。自ら社歌の作詞にも参画し、作曲は團伊玖磨氏が担当した。

宣伝にも音楽を活用した。久留米のブリヂストン工場のブランスバンドは日本各地を回って、イメージ向上に大きく寄与した。もう一つがコマーシャル音楽「どこまでも行こう」だ。著名な音楽家小林亜星氏の作詞・作曲によるもので、昭和41年（1966）制作のテレビCM（横山隆一氏原作の漫画アニメーション）に使用され、その後中学校の音楽教科書にも採用された。歌詞に社名は登場しないので、元々はブリヂストンのCMソングだということを知らない人が多い。ブリヂストンでは社歌よりもこのCMソングを歌うことがよくあり、第2社歌だという人もあるくらいである。「どこまでも行こう、道は険しくとも」という歌詞は、正二郎が頼まれるとよく揮毫した「勇往邁進」という言葉、チャレンジ精神をそのまま表現しているのかもしれない。

美術カレンダー&漫画カレンダー

ブリヂストン美術館の収集品の中から毎年幾つかの作品を選んで、カレンダーが制作されている。今日まで毎年発行は半世紀以上続く。関係先に毎年配布されるが、ブリヂストンのロゴは控えめにしか記載されていない。年末にはカレンダーを届けてほしいと念を押す人や、手土産を持ってわざわざ取りに来られる方があるという話を聞いたこともある。正二郎はカレンダーに載せる作品には特別の注意を払っていた。多くの人に世界の逸品を楽しんでもらいたいという願いもあったようだ。

昭和31年（1956）以来発行されている漫画カレンダーも、美術カレンダーに劣らず人気がある。日本の代表的な漫画家12人による作品を取り上げている。漫画家横山隆一氏の率いる漫画家集団が関係し、まだアニメという言葉が一般化されていない時代にブリヂストンの商品を題材にして、制作した。漫画カレンダーはタイヤ店などを経て顧客に配布され家庭で人気を博した。子供の時からブリヂストンの存在を認知してもらう役割も果たした広告活動といえよう。

正二郎は商品のネーミングにも気を使った。地下足袋や運動靴に「アサヒ」という名前を付けた。大成功を収め、新しい近代的なイメージが販売に役立つことを知った。ブリヂストンの名称も正二郎が創造した。タイヤでは新商品のトラックタイヤに「Ｕ－ＬＵＧ」の名称を付して成功した。既に紹介した「エバーソフト」の呼称はフォームラバーの代名詞のようになったことがある。幹一郎が社長に就任してからは、正二郎は商品のネーミングや広告作品に直接手を出してはいなかったようだが、ネーミング、広告作品への関心は非常に高かった。絵画への造詣が深かったことも影響していたのかもしれない。

広告宣伝の天才

ブリヂストンは久留米工場の一般見学会はもちろん、正二郎が自ら基本設計をした旗艦工場である東京工場でも積極的に見学会を行った。招かれるのは販売代理店やガソリンスタンドの従業員、トラックやバスタイヤの大口需要家など。今でこそ工場見学会はよく行われるが、当時は珍しかった。正二郎は会社の理解、製品の理解に寄与するとして、実施を督励し、工場の整理整頓、説明用の展示物、説明図などに注意を払わせた。展示された大型タイヤの前で見学者が記念写真を撮るのが恒例となり、広告効果は抜群だった。正二郎は地下足袋や運動靴の販売を始めた時からこの手法を始めたらしい。手間と時間のかかるアプローチには継続性が重要であるといえよう。

広告の品位　広告の天才

正二郎は美術愛好家であり、日本庭園の造園や自然、建築物にも高い識見を持っていた。それゆえか、広告宣伝で派手さや奇をてらうものは好まなかった。落ち着きと、周囲との調和を求め、品格に留意させた。飾り立てて、目立つことをせず、控えめな姿勢を取っていた。自らが表に出ることを控

完成したブリヂストンビル（1951年12月）

えていたことも印象的である。正二郎は著名建築家に工場や事務所の設計を任せ、完成したその建物はブリヂストンのイメージづくりに大きく貢献した。広告制作も同様で一流のクリエーターを常に起用した。

ブリヂストン美術館は世界の超一流品を展示し、一般に広く公開し、しかも正二郎の執務するブリヂストン本社ビルの2階に位置していた。東京駅前の八重洲通りと銀座通りの交差点という好立地で美術鑑賞に訪れる人は年間相当数に上った。内外の著名人も訪れたので、イメージ効果は期せずして絶大なものとなった。正二郎は足袋の宣伝に自動車を使用した。当時としては画期的であったが、頭の中から自然に生まれてきたものなのか。美術館も始めからイメージづくりを狙って造ったわけではないだろう。結果として素晴らしい効果を生んだのだ。まさに広告宣伝の天才児であった。

新しく制定された社旗

社旗と国旗

正二郎は欧米を旅行した際、多くの企業が社旗を施設に掲揚し、社員が敬意を払っているのを見て深く印象づけられた。帰国すると社旗を企画し昭和26年（1951）に制定した。同年に東京京橋にブリヂストン本社ビルが建設されると、屋上に社旗と国旗を毎日掲揚させた。このような光景は当時珍しかったので、国連スタイルとも言われ話題となった。国旗と一緒に社旗を掲揚する習慣がまだ一般化していなかったことから、意外なPR効果が生まれたのだ。アメリカの場合、州ごとに旗があるので、国旗、州の旗、社旗が施設に掲揚される。社員は敬意を払い、企業は地域社会に対し存在感を示している。日本では国旗の取り扱いにはきめ細かい配慮が求められている。正二郎が社旗と国旗を一緒に掲げたのにも、国家意識が働いたのではないだろうか。

ブリヂストンが創立された際の会社名はbridgestone。これは創業者正二郎が自分の姓を英語にするとストンブリッヂ、しかしブリッヂストンの方が響きが良いということで決めた。日本語ではブリッヂストンタイヤ株式会社と表示されたが、第二次世界大戦中に英語は敵性語だからよろしくないと軍部から変更を命じられ、昭和17年（１９４２）に日本タイヤ株式会社と改名。戦後の昭和26年（１９５１）に、さらにブリヂストンタイヤに変更したがその際、ブリッヂストンを改めた。促音をやめ発音しやすくしたのである。古い社名を覚えている人は少ないが、たまに昔の黄色の看板に「ブリッヂストン」の表記を見ることがある。そんな時、改名のいきさつを披露すると〝へーそうなんだ〟と感心される。

正二郎に学ぶ　経営学からの考察

【マーケティングの４Ｐ】 第一のＰは商品（プロダクト＝製品商品）、売り物の開発である。正二郎は地下足袋、運動靴の創造、販売から自動車用のタイヤの製造、販売に至るまでビジネスの展開はまさにマーケティングの教科書通り顧客ニーズにあったものの提供を基本としている。

人々が手に入れ、生活向上に役立つ商品のニーズを読んだ。そして、商品の存在を知らせる工夫をした。自分が売りたいもの、自分のこだわりのものを売るには苦労するし、時に思うように売れないこともある。

何が役立つか、社会のために役立つか、人々の生活向上に役立つか、がものづくりのポイントであり、まさに顧客志向そのものだ。こんなものができた、こんな素晴らしいものができた、売れないのはおかしい。顧客の方がおかしいなどという発言をする人がいるが、正二郎は全く逆だった。何が必要か→それをどうやって作るのか→必要な品質は何か→いくらなら売れるのか→いくらなら消費者は買えるのか→どうすればその値段で作れるのか→消費者にそれを知らせるにはどうすればよいか→どこで売れば買いやすいのか。こうした視点はマーケティングの講座で教える基本をそのままで、無意識的に実行していたのだろう。

二つ目は流通（プレイス）のP。消費者が購入しやすいようにするための場所、店舗、手段などに関するものだ。正二郎はタイヤ専業店だけでなく、ガソリンスタンドでタイヤを売り、新流通方式を展開した。

三つ目のPが広告宣伝（プロモーション）。アサヒ足袋、アサヒゴム靴などアサヒのブランドを作り、黄色の看板を各地で掲示して、「2キロに一店」の標語で宣伝してブリヂストンの認知度を上げる戦略を展開した。

もう一つ、4Pのプライスに関するPでは常に顧客が購入しうる価格を設定し、その価格で売れるように製造コストの合理化を図った。「広告宣伝でブリヂストンのタイヤが他社製品より品質が良いこと、サービスが良いこと、信頼できる会社であることを理解してもらい、値引きをしないでも買ってもらえるように」。常にそう語っていた正二郎のビジネス成功の原点は、常に顧客本位のマーケティング志向にあったといってよい。

【継続　ねちこっさ】　ブリヂストンの企業文化に、継続すること、ねちっこく、生真面目にいつまでも長く継続する風土がある。その一つが広告宣伝活動。始めるまでには時間がかかるが、始めたらいつまでも継続し、認知度を上げる、イメージを上げる。広告活動ではこれが重要である。短時間で効果が上がるものはまれである。ブリヂストンの「黄色の看板」、美術カレンダー、漫画カレンダー、コマーシャルソング、イベントなどはどれも継続、ねちっこさが見られる。広告宣伝の効果測定は難しく、漢方薬のようなところがあるとよく言われる。やめてもすぐに販売に支障がでることはないが、やめるといつの間にか会社や商品の存在が忘れられてしまう。

正二郎が生涯、展開したブリヂストンの広告宣伝の特質はねちっこさ。継続性は企業や商品の信頼性のイメージ、認知度を高めるための重要な手法である。継続は力なりともいう。

【ブランド構築】　顧客は買い物に当たり、多くの品物の中から何を頼りに特定の品を選ぶのか。米国のある調査ではスーパーで消費者は選択に数十秒しかかけていないという結果もある。自動車を買う場合、一般の消費者はボンネットを開けて、中身を確かめて買うわけではない。突き詰めれば、その商品に関する認知度、イメージ、信頼がベースになっていることがほとんどだといわれている。その信頼、信用の証明をするのがブランド。正二郎はブリヂストンという社名、商標を自分で開発し、ブランドとして構築することに地道で誠実な努力をした。ブランド構築は一朝一夕でできるものではない。逆に信頼はわずかな失策、事件で崩壊してしまう。品質不良、工場火災、幹部や従業員の不適切行為などが挙げられるが、このような問題の発生は経営者、経営の理念、経営方法などが関係する。正二郎はタイヤ事業を始めた時に故障品は無料で交換する責任保証制度を実施した。これを悪用するケースもあって一時不良品の山が出現したが、構わず継続して品質向上に努め、信頼を築いた。この考え方は生涯様々な分野で貫かれ、ブリヂストンは信頼のブランドとなった。企業の価値はブランド価値であるとも言われる。創業者正二郎が非同族のブリヂストンに残した最大の遺産はこのブランドであるといえよう。

第10章　マネジメントシステムのイノベーター

新機軸を次々と

学校式レイアウト　今でこそ珍しくはないが、ブリヂストンの事務所の机のレイアウトは学校式と呼ばれるもので、課長の方に向かって部下が教室のように机を並べていた。課長の後ろには部長席があり、部長用の机は大きめでその横に秘書用のテーブルがあった。当時は机をお互いに向き合わせる方式だったが、正二郎は能率的だからと学校方式を採用した。事務机の色は青色とグレーのスチール製だった。長持ちし、モダンで使いやすい机だとされた。事務所は大部屋式で、職場全体がいつでも見渡せるように配慮されていた。整理整頓を重視し、机の上の整頓に関心を向け、年末には自らオフィスを巡視していた。

東京京橋に本社ビルを建設するに当たり、当時としては最も先進的なオフィスの建設を目指した。日本で初めて照明に蛍光灯を全面的に採用した。蛍光灯を使った9階建てのビルは評判となり、観光バスが案内する建物ともなった。

会計経理制度

事務部門の電算化　正二郎はいわゆる大福帳式から複式簿記を原理とする〝アサヒ簿記法〟を日本足袋時代に制定した。

これを用いて代理店を経営指導した。伝票会計制度を工夫し、いち早く採用した。出費案件を1件ごと伝票1枚に記入して決済するもので、決済事務が著しく向上した。案件ごとに出費内容、決済要件が記載されておりルールや要領に従って処理が迅速化された。

工場に米国のフォードが始めたコンベヤーによる大量生産方式や新設備を導入し、足袋、地下足袋、運動靴の製造に活用した。事務部門での合理化にも熱心で大正14年（1925）には他に先駆けてタイムレコーダー制度を開始し、出勤簿を廃止。また当時最も進んでいるとされた事務器、宛名印刷機も採用している。昭和9年（1934）には事務改善委員会を発足させ、事務合理化を図った。戦後は事務や生産部門でのコンピューター化、当時の言葉でいえば事務の電算化にも熱心で、アメリカのコンピューターの活用に注目し、社員に研究に当たらせた。会計処理やデータ作成に特別の関心を払い、専門部門も本社組織に設けた。会計処理には早くから計算機を導入し、事務の機械化では最先端を行く企業だった。昭和34年（１９５９）にはレミントンランド社のパンチカードシステムを使って販売集計に当たらせた。昭和36年（１９６１）にはユニバック社の小型コンピューターを人事統計やクレーム処理に活用し始めていた。日本の産業界では電算化のパイオニア的存在であった。

正二郎はグッドイヤー社との提携で技術的なノウハウ以外に経営管理、特にアメリカ式の工場会計処理の在り方、仕組みについても取り入れた。ブリヂストンではグッドイヤー社から委託を受けタイヤを生産していたが、タイヤ原価をはじき出す方法はアメリカ式にのっとったもので、そこから新しい効率化の仕組みを学んだ。また技術料支払いの算定については米監査法人の監査を必要としたので、その会計制度に早くから触れていた。このようにして国際的な会計制度に比較的容易に溶け込めるだけの基盤もできつつあった。ブリヂストンの経理帳簿は外部の公認会計士に監査させるなど、会計の透明性を図る取り組みでは当時国内では先端的であった。

部署番号制度　大正12年（１９２３）には部署番号制度を始めた。社内メール制度の能率化を図るため、いちいち担当部署の名前を書類作成時に記載しなくて済むように部署ごと、役職ごとに番号を付し、番号を書けば書類の宛先が分かる画期的な手法だった。一番好きの正二郎の部署番号はもちろん一番！、副社長は2番。正二郎宛ての書類には「１」と書くだけでよい。「今日は一番さんいないよ」

といえば正二郎は出社していないということ。社内では職名や名前で幹部を呼ばず、部署番号で呼ぶ慣行があった。正二郎は能率化の原点の一つは簡素化にあると考えていたようで、簡単、明瞭さを求め、数字でなるべく簡潔に表示すること、報告書は1ページにまとめて箇条書きとするよう求めた。

マニュアル作成　マニュアルという言葉は今でこそ一般的だが、ブリヂストンでは戦後間もない頃から営業や事務部門で職務内容や業務推進のプロセスのマニュアル化が推進された。経営幹部のひとりが米国での企業研修や視察の際に、マニュアル化が進んでいることに気が付き報告した。標準的な仕事の仕方を理解し、能率的に推進するよい方法であるとして、営業部門を中心に推進され、従業員は活用するよう指導された。ブリヂストンはマニュアル化のパイオニアでもあった。

社長室の誕生　ワンマンと呼ばれていた正二郎。自分で発想し、洞察し、創造してゆくアイデアマン、事業家であり情報収集や調査についても熱心だった。周りにはいつも一流人が集まっていた。その人たちの話をよく聞き、また相談したり、助言を求めたりした。その機能を組織化したのが社長室である。社長のいる部屋、秘書が何人もいるという組織ではなく、営業、製造、購買、経理、人事労務といった職能以外の社長直轄の仕事を担当する組織であった。今でいう企業戦略部門ということになる。社長室という組織は戦後の日本の企業にはまだ数少なく、業界紙の間では話題になった。

成毛収一が社長室長を務め、正二郎の最高ブレーン、補佐役となり、脱同族路線の構築、脱タイヤ政策、国際関係、外部団体や諸官庁との関係づくり、デミング賞受賞活動の指揮など正二郎の意を体し部門間の調整に活躍した。成毛は「社長室長とは社長の部屋の中にいる人の長だから社長のことか」と質問されたと苦笑していたが、この問いはなかなか核心をついている。社長ではないが社長の考え、理念を念頭にいつも代行して思索、行動するのが社長室長の心得ということになるだろう。

正二郎はこの組織に関する構想を早くから持ち、戦前に組織規程を作成しその中で社長室の役割を述べている。当時から高度な戦略的な業務を担当する人材を外部から求めて重役として処遇し、活用した。経験とその人の持つ専門能力を活用するために細かい組織ではなく、社長室といった組織に配属し、自ら活用することを好んだようだった。戦後社長室を組織化したが、活用法は組織的というよりは個人直結的で、組織を超えていたことが多かったようだ。

和魂洋才　戦後、海外に出張すると、正二郎はタイヤ工場の見学以外に事務所や組織などに強い関心をもって相手に質問し、新しい効率化、経営の在り方を探索していた。ロサンゼルスを訪問した際、カリフォルニア大学の経営学大学院の見学を希望し、大学院副院長のオドンネル博士と面談し、アメリカにおける経営者の在り方や経営の問題を問うている。成毛収一を国際経営会議に出席させたり、外国企業を訪問させたりして新しい経営手法の導入に努めた。

戦後、経営手法がいち早く近代化されたのは正二郎が欧米の先進的経営手法を採用し、自分の理念と考え方を展開する独自の経営手法を確立しようとする強い意気込みがあったからである。〝和魂洋才〟をよく口にし、そんな企業文化が浸透していたせいか、ブリヂストンは外国の会社のようだと言われたことがあった。

権限委譲と監査機能　自分がワンマンで権限が集中していることを自覚していた正二郎は、戦後事業が発展し、多角化するにつれて権限移譲へと努力した。報告制度を設けたり常務会制度を設けてたりしたほか、権限一覧表を作成し、そこに示された範囲内なら自分で決裁できる自己決裁制度を設けた。交際費や出張旅費などがその一例で、課長になると権限以内の交際費なら上司の承認は不要だった。制度によって大枠で決裁権を管理職に与えていた。その代わり基本決裁の枠組みは充分な検討と、所定の承認プロセスを踏むことを求めた。前に触れた方針管理制度はその骨組みとなった。権限は委譲するが、行使した権限が適切だったかを常時チェックする内部監査制度を厳しく運営し、正二郎自ら報告を受けた。公認会計士の活用も早くから取り組んだ。法的な問題のチェックには法務担当を置き、外部との契約書はすべて事前にチェックするように定めた。正二郎は重要な契約だと判断すると、顧問弁護士によるチェックを求めた。自分のコレクションに絵を購入するときにはひそかに外部の有識者、一流画家、評論家、大学教授らの意見を聞き最終的に判断していたという。今でいうガバナンスの考え、仕組みを企業内のみならず自分自身にも課し不適正行為の阻止に心がけていた。

健康経営にも心砕く

正二郎は少年時代虚弱であったこともあってか、健康には特別の注意を払った。社員の健康にも気を使い、たばこや過度の飲酒は慎むよう求めた。しかし、タイヤ工場ではあまり守られなかったようだ。成毛が「アル中的労務管理」だと嘆いたという話が残る。一般的に九州人は酒が強いことを自慢する風潮があり、飲酒はサラリーマン社会の重要なコミュニケーション手段だった。麻雀も表向き保養所や福利施設ではご法度だったが、社内には麻雀の名人クラスが大勢いた。

その一方、工場を含め社内には内科、歯科の診療所が設置され、社員はいつでも受診できたし、東京工場の新設に際しては病院をつくり、健康診断を義務付け、費用は会社が負担した。海外工場や海外支店、現地法人で働く日本人社員に対しては医師を毎年派遣し、健診や医療相談をしていたこともある。トイレも和式は健康に良くないからと会社や社宅には洋式が多かった。久留米から転勤してきた従業員、家族は戸惑ったというが、それほどに正二郎は従業員の健康に留意していた。「親の心子知らず」との格言を思い出してしまう。

正二郎自身はコメを食べなかった。パン食である。米は消化に悪い、胃もたれすると理由を述べている。日本人の食生活については改善が必要と考えていた。当時東北大学医学部の近藤正二教授が作成したパンフレット「長寿と食生活」を読んで共感し、研究の一助にと研究費を寄付した。さらにはブリヂストン美術館でパンフレットを配布することを思いついた。毎年10万人くらいの来場者にこれを無料で配布した。正二郎はラジオ・テレビドクターを名乗った近藤宏二医師とNHKで、私と健康と題して対談したことがある。その時もバランスの取れた食生活の重要性を力説している。対談で「食欲が割合にありましてね。食事の時間が待ち遠しいです。…量も人並みに食べます」と語った。正二郎が何を食べていたのかというと…。大好きなのは肉。昼ごはんは原則肉。重役食堂に行くと、重役連は魚でも正二郎は肉を食べている。そんな光景は当たり前だった。米国のレストランでの夕食のとき、何をしますかと尋ねると「うまいハンバーグを食べたい」と一言。昼食会も肉料理だったのと驚いたが食生活全般については質素で、サラダを食べるなど野菜も好み、バランスを考えていた。お酒は全然といってよいくらい口にしなかったが、ワインだけは毎晩グラスに一杯たしなんだという。朝食はオートミールで、いわゆる洋食風。正二郎は近藤宏二医師との対談で体質と肉体は食物で出来ていると思うとも述べている。近年、健康長寿と肉食の関係を指摘する研究者もいる。正二郎は〝先を行っていた〟ようだ。

一寸脱線

石橋正二郎は国家、社会への貢献により国から従三位勲一等瑞宝章を、またフランス政府からはレジオン・ドヌール勲章を、イタリア政府からはメリト勲章を贈られている。平成14年（２００２）に初代の日本自動車殿堂入り。２００６年（平成18）にはアメリカの自動車殿堂（ミシガン州ディアボーン）入りし、タイヤ産業のみならず自動車産業の発展にも大きく寄与した業績が顕彰されている。日本からは本田宗一郎、豊田英二、田口玄一、片山豊、梁瀬次郎の各氏が栄誉に浴している。

生まれ故郷久留米市からは長年の貢献により昭和31年（１９５６）、名誉市民の称号を受けている。死去に際しては久留米市は市民葬を盛大に行った。

一寸脱線

石橋正二郎夫人　愛妻物語

　正二郎に久留米商業学校時代の校長太田徳次郎から親友に良い娘がいるからと縁談が持ち込まれた。その女性は小学校をずっと級長で通し皆勤だったという。会ったことはなかったが、太田の媒酌で大正6年（1917）5月に結婚式を挙げた。正二郎28歳、お相手の昌子は21歳だった。太田の推薦通り、素晴らしい女性で、まさに幸運の女神に結ばれた二人だった。正二郎は回想録には特別の章を設けて、昌子のこと、結婚生活を描いている。まさにそれは愛情物語と言えよう。登場する昌子は何事にも全力を尽くし、責任感と忍耐心が強く、謙虚で、親切心に富み世話好きだった。

　エピソードの一つに東京京橋のブリヂストン本社の敷地問題を巧みに解決した話がある。本社ビルは戦災で焼失し、その跡地にはバラック建ての露店が無断で数十軒出来ていた。正二郎は法的に解決することを考えたが、昌子は現場に赴き、露店を見舞った。「皆さんは罹災されたばかりでお気の毒ですから、社屋を建てるまではここで店をされるのは結構です。けれども建てる時は立ち退いてください。ですからその前にうんともうけて、移転先を今のうちに見つけておいてください」。そう言って、心のこもった品を贈って回った。「これが好感を持たれ、その後ビルを建てる際、ひとりも文句をいわず、円満に事は収まった。今でもその時のことを忘れずに挨拶に来る人がいる」と正二郎は記している。やさしい心が、時に厳しい法律以上に大切なことだと昌子に教えられたようだ。

正二郎が創立に関わった日本自由党の初代総裁鳩山一郎は当時を回想して、昌子が裏方として果たした役割について触れている。それによると、ひどい食糧事情の中、昌子は自らサツマイモを買い出し、大勢の接待に骨身を惜しまなかった。党が割れず済んだのは世話になった昌子の霊前で政治家が手打ちした結果だったともいう。

昌子は文学好きで、和歌や俳句を作り、茶道や三味線、長唄などをたしなんだようだ。子供の教育にも熱心だったと正二郎は振り返っている。

正二郎について、昌子は「主人のこと」の中で、その人柄をズバリと述べている。一部を要約し紹介する。

「私は主人の偉さについて絶対の尊敬と信頼を持っている。世界中で私の主人ほど偉い人いない。また修養のある人はいない。若いときから終始一貫、産業によって世のために働くということが主人の信条なのである。仕事熱心で、仕事以外に目もくれず、あのころ有名だった『金色夜叉』や『不如帰』さえも知らない。主人には仕事が無上の楽しみなのであろう。つねに事物を深く考え、進歩的、独創的、積極的で、計画は常に遠大であり、人のまねをするのではなく、人のしないことをしなければいけないといっている。即決主義で、タイム・イズ・マネー主義で、人一倍時間を惜しみ、映画や芝居にもゆかず、宴会なども早く立って帰ったものである。主人は正直で信念と責任感が強いので、自分が良いと信じたことは、誰が何といってもやり通し、その代わり自分が悪いと思うことはどんなに勧められても絶対にしない」

正二郎は夫人について平気で人前でのろけた。昌子も「結婚記念日ほど大切な日はない。私はその日を忘れない。その日は端午の節句の日で久留米人にとっては因縁の深い水天宮の祭礼の日だ」と語り、誠に仲むつまじい夫婦だった。

昌子は昭和28年（１９５３）に亡くなった。国際ゴム会議に出席した正二郎との１００日間の欧米旅行からの帰国後病に倒れた。まさに良妻賢母の人だった。正二郎は「37年間苦楽を共にしこの上もない妻であった。私は気が短く即決主義、昌子は何事も綿密細心で慎重主義、長短相補うこともできて和合したのだと思う」と追憶している。

昌子は社員からも母のごとく慕われていた。

昌子の死去した翌年、正二郎は再婚することになった。昭和29年（1954）65歳の時だった。突然の再婚の知らせに社員一同本当に驚いたが、正二郎にとってはいつまでもめそめそしていられない、再出発するぞという宣言でもあったのだろうか。

新夫人の名前は冨久。洋画家で一説によれば美術館で出会ったという。明るい性格の人だった。正二郎の海外旅行にいつも随伴し、世話を焼いていた。正二郎のコレクションがパリで里帰り展を行った時には、暇を見ては風景をスケッチ風に油絵で描いていたのが印象的だった。昌子の話を聞いていたのか、社員に対してはとても気を使っていた。正二郎は新夫人との生活をエンジョイしていたように見えた。

いずれにしても正二郎の生い立ち、実業家として業績、社会貢献の裏には素晴らしい内助があった。

第11章　見聞録による石橋正二郎像

ケネディ米大統領暗殺事件

昭和38年（1963）11月22日に全世界を驚愕させる事件がアメリカ・テキサス州ダラスで起きた。アメリカ合衆国大統領ジョン・F・ケネディが暗殺されたのである。日本のテレビ放送も至急報でこの事件を大々的に報じた。その日、日本は確か土曜日。筆者の家の電話が鳴った。子供が「石橋という人から電話だけど」という。電話に出ると「石橋だ。会社に出てきてほしい。ケネディ大統領がなくなった」。何のことか分からないままとにかく出社してみると、秘書も来ている。「石橋社長がお待ちだよ」という。「大統領はアメリカ人がとても尊敬している人だ。丁重なお悔やみの電報をすぐに打ってもらいたい」と告げられた。電報の宛て先はこれこれの人、秘書が住所を知っているからとてきぱきと指示があった。社長はお悔やみ文で自分が伝えたいポイントを述べると、「後は秘書と相談してほしい。任せる」と一言。宛て先は米国のビッグビジネスの社長、会長、それに財界人、友人など。お悔やみの電報を大統領と直接関係のない人になぜ打つのかなと思いながら、社長の意向通り電報を発信し、その日は帰宅した。

さて、何年かたってブリヂストンは、国際的なビジネス展開へ本格的に乗り出す。米国にも進出拠点を設けることとなり、関係先の企業幹部に挨拶に回ったのだが、そこでびっくり。「あなたの会社の石橋さんという人はどういう人なのか。ケネディ大統領が暗殺されて国民がどん底にあった時、お悔やみ電報を送ってくれた。石橋さんはアメリカ人の心をよく理解している人だ。そういう人の経営する会社の進出は歓迎したい。進出して工場を建設しこの国のために貢献してもらえると思う」という趣旨の言葉を何回も聞いた。

敗戦後、グッドイヤー社の社長リッチフィールドが正二郎との信頼関係を構築できたのは正二郎が何気なく戦中に発揮した国際感覚のおかげだが、いったいどのように、それが生まれたのだろうか。政治家や、外交官のように訓練を積んだのではない。まさに天が与えたとしか言いようがない。ビジネスのグローバル化には経営者がこのような国際感覚、センスを身に付けていることが必要なようだ。

新聞や読書で培った教養

石橋正二郎は教養、知識とも豊かで、考え方、哲学は非常に高邁だった。大学卒でもかなわない。

ある時、正二郎の通訳をしているときに〝樟脳〟という言葉が出てきて、もたついていると、はたから「それは君『カンファー』（camphor）というのではないか」と助け舟を出された。またある時のこと、大学関係のことが話題に上り某大学のことを〝カレッジ〟と訳したところ、あの大学は〝ユニバーシティー〟ではないかと言われて、急いで訂正したことがある。正二郎が受けた英語教育は商業学校時代のものだと思われるが、タイヤやゴムに関する専門語の英語にもよく通じていた。

正二郎に恐る恐るなぜ色々な知識、情報を持っているのかその源泉を尋ねてみると、意外なことを口にされた。「新聞をよく読んでいる。新聞には色々な情報が満載されていて、きちんと読めば毎日すごい勉強になる。自分は毎日よく読み、自分で咀嚼している」。正二郎は読書家でもあり、読書によって前人の知識と経験を学ぶことができると述べている。ただ、本は選び方が大事で、無用の読書は禁物だと力説し、乱読は戒めていた。新聞と読書、一流人との会話が正二郎の知識習得の源泉だった。加えて経験から学ぶことも重要だとし、仕事を通じて学ぶことを実践していた。

また、正二郎は夫妻でよく海外に出かけた。国際会議や企業訪問、国際交流などで出張すると宿泊地のホテルで、朝食時に1時間くらい現地の新聞の内容、最近情報についてレクチャーを受けた。随行者は平時より1時間くらい早起きして当地の一流紙に目を通し、要点を報告、説明できるようにしていた。内容は政治、経済、文化など多角的なものだった。

ある時、ニューヨークで散歩に出かけ、目抜き通りの五番街でお茶をすることになった。できたら通りに面している所に席を取ってくれという。要望通りの席に着くと、コーヒーを飲みながら街行く人をじっと見ている。正二郎には世相を実感しようという意欲がとても強かったのだ。だからデパートや専門店、本屋もよくのぞいた。ホテルに帰ると手帳を取り出して感じたことをメモしている。観察したこと、手に入れた情報はいつか、ビジネスの場で活用すべく準備していた。

日記もよく付けていた。毎日夕食後に日記のためにその日のことで随行者に細かい点まで質問し確認した。本書の執筆には正二郎の回想録をベースにした部分が多いが、そこに登場する旅行記や美術館巡りの詳細さには改めて驚く。すべて詳細に記録した旅日記を反映したものである。

黒手帳も、記録し、文書にし、情報化してデータを作る―といったこのような日々の学びの産物ともいえよう。

気取りのない自然体

正二郎は会長、社長として挨拶をすることが多かった。原稿はほとんど自作し、要旨を書いて、後は秘書や補佐役に問題がないか、分かりやすいかなどチェックさせるだけ。他人が書いたものをただ読み上げることを良しとしなかった。スピーチは極めて短く、要点を述べたもので飾り気のない、分かりやすいものだった。社内報や広報誌にも気軽に所感を述べたり、感想文を寄稿したりしたが極めて短文で、簡潔。極端に言えば箇条書きの掲示板を載せているようなものが多かった。社員の報告書についてはグタグタ書いたものは好まない。要旨を箇条書きにすること、結論から述べるようにと指示しているのを聞いたことがある。

近年、論文や記事を翻訳機で外国語に訳すことができるようになり、その出来不出来が身近で話題になったことがある。同僚が今度の英語訳はどうも変だ、違和感があると愚痴をこぼしている。調べてみると翻訳の対象となった日本語文そのものがおかしいことが分かった。翻訳機はただ正確におかしな日本語を翻訳しただけだったという。正二郎の日本語は簡潔明瞭で通訳にも困らない。その代わり話がなくなり座が持たなくなることもあり、今度は随伴者が色々と口を出すのだが、その中身が曖昧で主語などが不明瞭だと、通訳は困惑することになる。いわゆる「通弁殺し」が起こる。

海外からの表敬訪問者は正二郎の生い立ち、苦労話などを話題に会話することが多く、正二郎はいつも愛想よく応対する。簡単明瞭に年代記的に生い立ちを話し、後は同席の社員に説明させるのが習わしであった。あるビッグビジネスの幹部から「石橋さんの日本語での話は短かったのに英語に翻訳すると長くなるのはなぜか」と問われて大笑いになったことがある。

内外メディアの取材に対しては快く、何でも率直に話し、自分の意見を述べた。広報マンが準備するものは何もない。いつも原稿なしの対談が自然で面白いと評判だった。美術館の話はお手の物だった。外国メディアの質問はブリヂストンという英語名の由来と地下足袋、運動靴の話が中心で正二郎のアイデアと独創性が話題になった。テレビ出演でも硬くならず、いつも自然体で、にこにこ顔、とつとつとしゃべる姿がとても印象的と評された。微妙なビジネス事情、会社動向などについて記者から突っ込んだ質問があると、即答できないものには事情を説明して答えを控える。逆にチャンスとばかり、記者の見解を求めるなどしたたかなところもあった。かつてロサンゼルス・タイムズの記者から取材を申し込まれ、正二郎の写真を見せると「この人が本当にイシバシか?ビッグビジネスの社長には見えない。会計士のような硬い感じ。サムライ経営者の風貌だ」と言われたのを思い出す。正二郎は戦後、米誌タイムで日本一の納税者として写真入りで取り上げられ、評判にもなった。正二郎の気取らない、率直、自然体の印象がサムライ経営者と評されたのだろう。彼の地のジャーナリストからはその後何回も正二郎の伝記とブリヂストンの社史を一緒にしたものを本にしたいと申し出があったが、実現していない。

靴下に穴、質素な身なり

正二郎は日本きっての資産家だった。日本庭園づくりが趣味で別荘も持ち、住居も広大で、超一等地にあった。ところが、業務報告に邸宅に出向くと、案内される書斎は簡素で、豪華な家具が目に付くことはない。ただ、さすがは正二郎と思わせるものは部屋にかけてある絵画であった。よく見たら、レンブラントの作品だったという話もあるくらいだ。服装にも無頓着だった。確かに高級品なのだろうが、そうは見えない。落ち着いた色で古典的なスタイルを好んだ。海外に随行した社員から、着替えの折、正二郎の靴下に穴がいているのを見て、笑いながら取り換えたという話を聞いたことがある。普段の食事も質素だった。洋食一辺倒だが、健康に留意し食事バランスには人一倍気を使っていた。ふだん乗る車はロールスロイスでもキャデラックでもなく、特別仕様のプリンスであった。正二郎の生活は誠にシンプルそのものだった。

その正二郎が大富豪ロックフェラー家に招かれたときに、その質素な生活に感心しているところが面白い。ロックフェラーに会ったら「自家用車はフォード、夫人は自分で車を運転していた」と、驚いている。日本で正二郎から招待されたとき、初めて同氏がエアコンの付きの車に乗った、とも聞いた。ロックフェラーの「事業家は金をもうけるよりも金を有効に使うことが難しい」という言葉と質素な生活に、正二郎はいたく感銘し共鳴したのである。

気配りと合理主義

パリで自分のコレクションをフランス側からの要請で展示することになり、正二郎が開会式に出張した折のことだ。展覧会の手伝いに美術家志望の日本人留学生数人がアルバイトで参加した。パリを去るに当たって、この留学生らにアルバイト料を支払い、軽い食事会を催した。礼を述べてから「皆さん立派な芸術家になって活躍してください」と、全員に別に金一封を手渡して激励した。留学生はみなその気配りに感激したそうだ。

ある時、シンガポールからマレーシアのクアラルンプールに入り、時のラーマン首相を訪問することになった。一晩の宿泊でまた同じホテルに戻るので部屋をそのまま借りておこうと思っていると、その手配は無用とのこと。同じような部屋が取れるよう予約しておけばよいと言われた。なるほどと痛感したという随行者の話が残っている。

石橋正二郎顕彰会の会報誌の「じぶんのこと」の中で正二郎は次のように力説していた。「私は時間を大切にした。事業は好い計画を立て、時を生かすことにより成功する。タイミングが非常に大切。先を見透して事業を始める。気は長く持つが行うときは気短かでなければならない。迅速に運ぶ。時間を惜しんだ」。いつも無駄が多すぎる時間を大切にというのが口癖だった。働く時間を短縮するのが能率の要であるともいう。リポートは簡潔にするよう説いたのもこのためである。3日後までに終えるよう指示されたはずの調査について、指示当日の夕方には、もう催促の声がかかった。社長の1日は1時間なのだという話もあったくらいで、時間とスピードを重視した。時間通り事が運ばないと機嫌が悪かった。コンベヤーシステム、オートメーション、電算化にいち早く注目して利用したのは、強い時間節約意識と深い関係があった。

いつも謹厳実直、人懐こい印象の正二郎だが、本人と分かると周囲は意識してしまい近寄りがたい。京橋本社の9階にオフィスがあった時のこと、エレベーターで下りてゆくと社員の退社する時刻と重なり合い、各階で止まるたびにエレベーターのドアが開く。すると、そこに正二郎の姿がある。社員はエレベーターに乗るのをはばかる。正二郎はたじろぐ社員に向かって「エレベーターはただですよ」と声をかける。どっと笑い声が起こり社員はにやにやしながらエレベーターに同乗することになる。こんなユーモアのある言葉も時には発していたようだ。

正二郎の生活はいつも質素で、戦後の物不足の時にはメモ用紙に印刷物の裏紙を使用していた、ただ、手元をよくよく見るとすごい一流品を何気なく使ってた。筆記用具はペン、それも老舗のペリカンやモンブラン社の製品だった。このモンブランをさりげなく社員に渡してくれる。「君は書き物が多いだろうからと正二郎が使ったというペンを一本もらった」という話を聞いたことがある。

正二郎は贈り物にただ豪華なものではなく、さりげなく一流の実用品を選んだ。一流品は耐久性がありいつまでも使ってもらえ、贈り主のことも心に残り思い出してもらえるという正二郎のPR意識が働いていたようだ。贈り物は社名や名前を入れない方が喜ばれ、使ってもらえると配慮していたとも聞いたことがある。真珠王といわれた御木本幸吉には「世界中の美女の首に真珠を巻き付けたい」と語ったとの逸話があるが、正二郎はその真珠を外国の賓客が夫人同伴で訪れる際に、夫人に贈る気配りをしていた。「女性は真珠が好きだからね」とニヤリとしていたのを思い出す。夫人たちが首の真珠を「イシバシからもらったのよ」と誇らしげに見せる光景を正二郎はイメージしていたのではないか。

和魂洋才と信義の人

正二郎の生活様式は洋式。戦中から日本式生活を改め洋式化させたパイオニアの一人だ。「日本の生活様式に合理性を欠くものが多々見られる。日本の生活水準を上げるためには西洋化が必要な部分がたくさんある。自分は西洋かぶれをしているわけではない、運命である」と予言し、生活面、仕事面でそれを実行した。履物も洋式化を考えた。西洋では革靴が多いが、必要な革は輸入しなければならないし高価だ。そこでまずはゴム靴を考案したのである。自動車時代の出現をも予測し、自らモータリゼーションの推進に関与した。日本式の寝具を改善し、軽くて運びやすいものを開発した。従業員のために建てた社宅は洋式化したもので、トイレも洋式だった。昭和2年（1927）に女子従業員の制服を制定したが何と洋服化、同時期には工場でタイムレコーダーを採用した。こんな具合に事務所や工場、設備、勤務形態は次々と洋式化された。社名や商品名にブリヂストンが使用され、英語だったから外資系外会社と思っていた人もあった。

日本式の宴会もあまり好まなかった。和食より洋食の方が良い、畳の上に長時間座るのは体に悪い、と漏らしていた。正二郎の一日はすべて洋式。食事も風呂も住宅も家具もすべて洋式だった。しかし庭園についてだけは、日本庭園をこよなく愛した。「28歳で結婚したころから二重生活はやめて、和服は着ない、足袋を製造していながらはいていなかった」と語った。正二郎はグローバルな発想を抱く和魂洋才の人だった。

正二郎は沈思黙考、熟慮断行を口にしていたから、冷徹で合理主義者、冷たい印象を与えるが実は義理人情と信義の人でもあった。世話になった人、会社とはいつまでもお付き合いを続けた。

その一つに、銀行関係がある。兄徳次郎と共に志まや足袋を立ち上げ、ビジネス競争に苦心していた時一番苦労したのは資金だった。当時は対物信用の時代であった。正二郎はどんなに苦労しても期限には元利金そろえて返済し、信用を獲得したが、それでも金融には非常に苦労した。その頃住友銀行の本店の総理事鈴木馬左也が久留米に来て23歳の正二郎と面談した。正二郎は当時のことを「白面の一青年たる私に対し青年実業家として大いに援助すべしとの激励を加えられたことがあった。その時の感激はいまだに忘れられない」と述べている。住友銀行との取引はこうしたきっかけの下に生まれ、長い間住友一行主義だった。ブリヂストンの旧本社ビルが建設された際、1階には住友銀行の八重洲支店が入居し、長い間営業を続けた。

三井との関係は既に触れている。タイヤ事業の創業に報告のため訪問した当時の三井合名会社の総元締団琢磨から自動車タイヤは将来有望であるから賛成であると言われて激励された。それが事業化の励みになった。その後、三井物産がタイヤの輸出を取り扱うようになり、色々なビジネス関係が生まれた。正二郎は団琢磨を尊敬して信頼し、特別の関係に発展した。息子幹一郎の夫人は団家から迎えた。正二郎の創設したプリンス自動車の社長を団の長男伊能氏が務めたこともある。

政治家鳩山一郎との出会いは面白い。久留米市出身の大日本製糖会社の重役だった小倉敬止という老人と両国へ相撲見物に行き紹介されて出会ったという。昭和16年（１９４１）のことだった。

石橋正二郎は世話になった人のことは忘れない。いつも恩義を感じ口に出す。君島武男教授の話はよく口にしたし、ドイツ人技師のヒルシュベルゲル氏やアメリカ人、グッドイヤー社の旧社員のクック氏らに世話になったとたびたび振り返っていた。回想録や自叙伝を読むと特別に世話になった幹部、技術者の名前、経歴、業績を挙げて謝辞を述べている。その謝辞を読めば正二郎のビジネスヒストリーが出来上がるくらいだ。

正二郎は熱烈な美術愛好家だったから、芸術家との交流も深く、登場する人物にはなかなかの人が多い。フランスのアンドレ・マルローはフランスを代表する著名な文化人でフランスの文化大臣も務めた人だ。坂本繁二郎は正二郎の学校の絵の先生だった。画家青木繁との出会いは坂本との縁だ。青木繁は石橋コレクションの始まりだ。藤島武二との縁も深く、黒田清輝、安井曾太郎、梅原龍三郎、佐伯祐三などの作品収集の機会ができた。フランスの印象派の作品にも関心を持った。名画収集の大きな動機は、戦後日本が貧しくなり、国際的な名画がアメリカに流出し始めたからだ。一度国外に流れたら戻ってこないと危惧し、懸命に買ったのである。

正二郎に学ぶ　経営学からの考察

【タイヤ世紀の申し子】

正二郎はゴムと関り深く、タイヤの世紀の申し子ともいえる。ゴム・タイヤの歩みを年表風に振り返ってみよう。

① アメリカ大陸を発見したコロンブスが、1493年からの第二次航海で中米のハイチ島で原住民がゴムボールで遊んでいるところを見た。天然ゴムの発見である。その後約200年にわたりゴムの利用は限られたものであったが、1839年アメリカのチャールス・グッドイヤーや英国のトーマス・ハンコックがゴムに硫黄を加えることでゴム弾性を高めることに成功。ゴムの活用法に革命的な進化がもたらされた。それまではゴムは寒さでひび割れしたり、暑さでべとつくなど活用がとても困難であった。この発見によってゴム工業が大発展することになった。

② 1845年、英国人ロバート・W・トムソンが空気入りのタイヤを発明し、1880年ジョン・B・ダンロップが空気入りタイヤの工業化に踏み出した。

③ 1871年、ドイツのタイヤメーカー・コンチネンタル社誕生。

④　1880年、アメリカのタイヤメーカー・BFグッドリッチ社誕生。
⑤　1889年、石橋正二郎誕生。
フランスのタイヤメーカー、ミシュラン社誕生。
⑥　1893年、イギリスのタイヤメーカー・ダンロップ社誕生。
⑦　1898年、アメリカのタイヤメーカー・グッドイヤー社が誕生。
⑧　1900年、アメリカのタイヤメーカー・ファイアストン社が誕生。
⑨　1908年、ゼネラルモーターズ（GM）設立。
フォード社がT型フォード製造
⑩　1913年、ダンロップ社が日本で自動車用タイヤ製造を開始。
1916年、グッドイヤー社がトラック用空気入りタイヤを開発。
⑪　1929年、石橋正二郎が自動車タイヤの試作研究。
1930年、横浜ゴムが自動車タイヤの本格製造開始。
1931年、ブリッヂストンタイヤ株式会社がスタート。

正二郎はタイヤの世紀に生まれ、国産自動車タイヤの誕生に挑戦した。技術、製造、生産、販売の多くの面でイノベーションも起こした。それがアメリカで自動車殿堂入りしたゆえんでもある。挑戦を始めて90余年にしてブリヂストンはついにタイヤ業界で世界一の座を占めるに至った。

エピローグ　石橋正二郎語録

正二郎は、「人生問答」（機械社、1957年）、「私の歩み」（1962年）、「理想と独創」（ダイヤモンド社編、1965年）、「回想記」（1970年）「雲は遥かに」（読売新聞社、1970年）、「我が人生の回想」（1976年）を出版している。出版社名を記載したもの以外は非売品で自費出版である。「創業者・石橋正二郎　ブリヂストン経営の原点」が伝記作家小島直記氏の手で1986年に執筆され、新潮社より出版されている。日本経済新聞社の私の履歴書欄にも正二郎は登場している（1957年）。これらの著書で色々な分野のことを多面的に鋭く語り、賢明な言葉を残している。ここではこれらの文献、回想録から筆者の独断と偏見で選び出し正二郎語録として紹介したい。

事業・社会貢献について

私の事業観は、単に営利を主眼とする事業は必ず永続性なく滅亡するものであるが、社会国家を益する事業は永遠に繁栄すべきことを確信するものであります。

◇

世のため人のために尽くす　世の人々の楽しみと幸福の為に。

◇

人間を幸福にするものは文化を高める。生活を豊かにする。

◇

最高の品質で社会に貢献。

◇

会社が大きくなればなるほど企業の責任は重くなる、その使命を果たさなければなりません。

創業以来の事業経営の根本方針　事業の3原則　①株主には適正利潤をもって報いること　②ユーザーには常に独創の技術をもって満足を与えること　③従業員には愛情と理解をもって心から円満に結び合うこと。

◇

金は儲けよう儲けようと求めるだけでは集まりません。世の中の為になるしごとでさえあれば必ず繁盛するものですから、求めなくても集まるものです。集まった金は贅沢せず、さらに仕事の発展の、世の中のため、惜しげなく大胆に利用すべきです。いささかでも実力が備われば、それだけ社会的責任も重くなります。金は生かして使い、死金とならぬよう有効に使うことが大切で、貯めることよりもむしろこの方が難しいように思います。

行動哲学

和して同ぜず。

協調は必要であるが雷同して自主性を失うことは禁物である。

都市観

私は愛郷心から、私の会社の工場を永久に発展させたいと念願する。会社ばかり繁栄しても調和がとれないから、何とかして立派な久留米にしたい。他の都市と競争して、必ずしも人口の多い大都市を希望するものではないが、清潔で整然とした秩序を保ち、教養の高い、豊かで住みよい、楽しい文化都市にしたいと願うものである。

歴史観

戦後の若い人たちは伝統を軽視して国の正しい歴史を知ろうとせず、祖国と祖先に対する関心は薄い。したがって愛国心も希薄になっている。こういう人たちが日本を背負って立つと思えば寒心に堪えぬものがある。進歩は伝統を踏まえてはじめて可能となる。民族の興亡、盛衰を知ることは即現代を生きる道に直結する。歴史に学ぶ心は、いつの世にも後進の責務というべきであろう。

経営者・リーダーの心得

小さな問題はできるだけ省略して、経営上の根源的な問題に手抜かりないように注意すること。

◇

問題を処理する時には、事の大小、軽重、緩急を日ごろからわきまえ、常に大所高所より全体を見通し、重点的に指揮すること。

◇

万事人が本で法は末であるから、精神がこもった生きた仕事のできるように社員を指揮すること。

◇

何事も規模が大きくなれば、やることが形式に流れやすくなる。形式に拘泥すればするほど、虚偽と表裏が出てきて、結果は伴っても魂が抜けてしまうのが落ちである。

◇

人物を見る目は大事業家の第一の資格であるまいか。

リーダーの要件は心構え、会社運営の基本は自奮自励。

◇

いかなる場合にも、部下の意見をよく聞き、これを公平に裁決して、部下が働く意欲を燃やすように仕向けること。社員全体が進んで自奮自励、何事も自分のためと思いながら働いてこそ、仕事の能率も上がれば改良改善もできて、会社全体が発展してゆくものである。

◇

人が十二分に満足して働けるように、あくまでも優遇して優れた人物を集め、できるだけ少数で経営に当たることが事業繁栄の最良の方法である。

スタンドプレーをやる人間は、結局は身の破滅を招く。事業はそれに携わる人たちの一心同体によって出来上がったのである。

◇

人間は考えることが最も大切である。物事を推理する力の大小と深浅により成功の大小は決する。見ること、聞くこと、読むことよりも考えることがさらに必要である。

◇

本を読んだら考えよ。読むだけでは為にならぬ。自分のものになって頭に印象が残らねば役に立たぬ。

◇

地位の高い、責任の重い者の考えが浅くて稚拙ならば、本人のみならず多数の人に不幸をもたらす。無責任でも軽く引き受け陽気にふるまって虚勢を張り威張る人をえらいように思うのは日本人の目が低いからである。深い考えは永続性がある。深く考え、うちに複雑性を包蔵するものは大事に当たって考えが透徹し、それを単純に表現しうる。これに反し、浅く考え、単純なものは、その考えがまとまらず、複雑に表現する。

リーダーシップ　統率力

何か統率術といった便利な魔術はない。統率という仕事を一種の政略であるかのように考えている人があるが、これは大きな間違いである。統率の意味はそのひとのすぐれた知能と人格の二つよりほかにない。優れた知能と高邁な人格の本源は統率者自身にあり、理性的な自己統率である。

◇

上に立つ場合、その人はまず、知能において人を敬服させるに足るものを備えていなければならない。部下から尊敬を受けるのは知能ばかりではない。高邁な人格がなければならない。奥ゆかしい人

格の光があって初めて、人を引き付けることが出来るのである

◇

人の心を鼓舞するか、それとも阻喪させるか、人格的に人を引き付ける温情味がなく、逆に人を離れさせるような傾きがないか、常に自己反省を怠らないようにすることが肝要である。

◇

愉快に喜んで規律を守るのと、不愉快でしぶしぶ、やむを得ず服従するのとでは雲泥の差がある。本当の指導者とは、自発的に喜んで服従する部下を持つことのできる人である。規則や職業以外に、信条で人を率いる方法を知っている人である。

◇

人は地位を尊敬するが、地位があるからと言ってその人を尊敬するとは限らない。威厳が威厳とはならないでかえって反感の種となることがある。

◇

本人の能力を考えて、それぞれ適所において本人の能力を十分発揮できるようにすべきである。適材を適所に配することが最も重要な事柄であってそこに能率が上がるか、上がらないかのキーポイントがあると思う。

色々な楽器がそれぞれの特徴ある音色を出しながら、しかも独特のリズムを作る交響楽のように大調和があって会社の平和と、能率と、発展があることを、ぜひ考えてほしいものである。

◇

社員には会社が一定の給料を払っているのだから、その部下を自分の意思のままに命令して仕事を進めるのだという単純な考えで人を使うならばそれはとんでもない間違いである。人には誰しも自己意識があるから、命令通り、意思通りには動くものではない。

◇

事業というものはすべて数字と事実とに立脚して経営されている。どこの会社でも経理担当者は細かすぎると非難を受けやすいが、実際にはこう非難されることは会社にとっては賞讃に値することなのである。

あとがき

本書の冒頭でも触れたが、ブリヂストンのデミング賞受賞50周年記念行事で創業者石橋正二郎氏について、筆者は講演する機会を与えられた。その折、行事を企画されたサステナビリティ推進部長の稲継明宏さんから、正二郎氏の伝記執筆について示唆いただき、プロデューサー役を務められた原秀男フェローからも背を押してくださるようなお話があった。言わばお二人の言葉に乗ずる形で、非力も顧みず２０１８年11月から19年２月までパソコンに向き合った。

見聞録による伝記としたのは〝見と聞〟は筆者がブリヂストン勤務時代に実際に見たり聞いたりしたこと、〝録〟は石橋正二郎氏の回想録的著書４冊とブリヂストン75年史を主たる参考資料としたことによる。何せ、時を経て記憶が曖昧になったところが多々あり、改めて確認作業が必要だった。永坂産業の櫻井健成さんのお手を煩わせ、併用写真も株式会社ブリヂストンの山本寛昭さんをはじめ、多くの方々から貴重なカットを提供いただいた。ブリヂストン経営企画部長の福原伸也さん、ＯＢの杉山忠弘さんからも貴重な助言をいただいた。ご協力に深く感謝したい。

執筆に当たって一番悩んだのはほかでもない。創業者に敬称を付けるかどうかだった。傍からみたら、なぜと思われるかもしれないが、正二郎氏への筆者の尊敬の念が深く、呼び捨ては忍び難かったのだ。結局、関係者の意見を入れて敬称なしの表記とした。この一事でお分かりのように、筆者の思い入れは強く、それゆえに勝手な考察、独断が紛れ込み、重複する部分もあろうかと思う。お許しを願いたい。ただ、長く学者の一端にあった者として、対象から学ぶという姿勢は忘れなかったつもりだ。いずれにしても、文責は筆者一人にあることは言うまでもない。

令和元年、筆者が卒寿を迎える年に、敬愛してやまない石橋正二郎氏の伝記を生誕１３０年という記念の年に上梓できたことは感慨深い。手に取ってくださった方々にとって僅かでも参考になれば幸いである。

末筆ながら、静岡産業大学の浅羽浩教授（図書館長）、小林克司教授と情報学部情報デザイン学科の森田育水さん（挿絵担当）のご苦労に厚くお礼申し上げるとともに、静岡新聞社の庄田達哉部長、とりわけ編集・校正に尽力くださった佐野有利副部長と牧田晴一さんに深甚の謝意を表したい。

ありがとうございました。

令和元年5月吉日　葉山一色の自宅で

参考文献

石橋正二郎（1943）水明荘夜話　社内配布非売品
〃（1962）私の歩み
〃（1965）理想と独創　ダイヤモンド社
〃（1970）回想記　社内配布非売品
〃（1971）雲は遥かに　読売新聞社
〃（1989）わが人生の回想
石橋正二郎伝刊行委員会編（1978）石橋正二郎　遺稿と追想
宇田川勝・法政大学産業情報センター編（1999）ケースブック日本の企業家活動　有斐閣
株式会社　ブリヂストン（2008）ブリヂストン75年史
30周年記念行事準備委員会編（1990）日本合成ゴム株式会社30年史
佐々木聡編（2001）日本の戦後企業家史　反骨の系譜　有斐閣
竹内常善・阿部武司・沢井実編（1996）近代日本における企業家の諸系譜　大阪大学出版会
日本ゴム工業会編（1969）日本ゴム工業史　1、2　東洋経済新報社

野田信夫（1988）日本近代経営史　産業能率大学出版部
宮本又郎・阿部武司・宇田川勝・沢井実・橘川武郎（1995）日本経営史　有斐閣
森川英正編（1992）ビジネスマンのための戦後経営史入門　日本経済新聞社
森川英正（1996）トップ・マネジメントの経営史　有斐閣

●プロフィール

大坪檀（おおつぼ・まゆみ）

静岡産業大学総合研究所所長。東京大学経済学部卒、カリフォルニア大学大学院 MBA。（株）ブリヂストン経営情報部長、米国ブリヂストンの経営責任者、宣伝部長。1987 年より静岡県立大学経営情報学部教授、学部長、学長補佐。静岡産業大学学長、ハーバード大学、ノースカロライナ大学客員研究員を歴任。ペンネーム千尾将で著書多数。

見・聞・録による石橋正二郎伝
～ロマンと心意気～

令和元年 7 月 9 日　初版発行
令和 5 年 7 月 6 日　第 3 刷発行
著　者／大坪　檀
挿絵指導／小林克司（静岡産業大学情報学部教授）
挿絵／森田育水（静岡産業大学情報学部 4 年）
表紙デザイン／塚田雄太
編　者／静岡産業大学
発　行／静岡新聞社
〒 422-8033　静岡市駿河区登呂 3-1-1
印刷・製本／三松堂（株）
ISBN978-4-7838-2261-5 C0034